Ulrike Kreger

Genrespezifische Untersuchung des US-Slasher-Films im Vergleich zum italienischen
"Giallo"

Ulrike Kreger

Genrespezifische Untersuchung des US-Slasher-Films im Vergleich zum italienischen "Giallo"

GRIN Verlag

Bibliografische Information der Deutschen Nationalbibliothek: Die Deutsche Bibliothek verzeichnet diese Publikation in der Deutschen Nationalbibliografie; detaillierte bibliografische Daten sind im Internet über http://dnb.d-nb.de/ abrufbar.

1. Auflage 2008
Copyright © 2008 GRIN Verlag
http://www.grin.com/
Druck und Bindung: Books on Demand GmbH, Norderstedt Germany
ISBN 978-3-640-40078-2

Philosophische Fakultät der Universität zu Köln

Magisterarbeit

im Studienfach Theater-, Film- und Fernsehwissenschaft

WS 2007/2008

Genrespezifische Untersuchung des US-Slasher-Films im Vergleich zum italienischen "Giallo"

Vorgelegt von

Ulrike Kreger

9. Fachsemester

Inhaltsverzeichnis

1.Einleitung

Splatterfilm und Slasherfilm – diese Bezeichnungen klingen vertraut und gehören zu einem großen Korpus an Filmen, die in den 70er und 80er Jahren in den USA auf den Markt drängen. Es sind blutige und sehr gewaltlastige Horrorfilme, die das Publikum spalten und die Kritiker einen: Bis auf wenige Ausnahmen wird das Genre mit überwältigend schlechten Kritiken überhäuft.[1] Trotz seines enormen kommerziellen Erfolgs und der stilistischen Variationen wird der Slasherfilm von ‚Filmkennern' generell verspottet. Oft richtet sich dieser Hohn auch gegen das vornehmlich jugendliche Zielpublikum des Genres, das von manchen Kritikern folgendermaßen bezeichnet wird: „a legion of brain-dead pubescent zombies docilely filing into the nation's multiplexes for each new "teenie-kill" release."[2] Von den Feministinnen werden die Filme als frauenverachtend geschmäht und von aufgebrachten Eltern, kirchlichen Vereinigungen sowie vom Gesetzgeber wegen Gewaltverherrlichung als gefährlich eingestuft und der Zensur unterworfen. Auch im akademischen Diskurs gelten Slasherfilme – wohl aufgrund ihres Status als Low Culture-Kino – lange Zeit als unwürdig und werden kaum kritisch untersucht. Spätestens seit den 90er Jahren findet jedoch ein Umschwung statt und der Slasherfilm erfährt eine zunehmende akademische Beachtung und Diskussion. Dies macht sich in zahlreichen Veröffentlichungen bemerkbar, die zunächst vor allem der psychoanalytischen Filmtheorie zugeordnet werden können,[3] später – und gerade in der neuesten Zeit – aber auch andere Ansätze verwenden und so neue Perspektiven aufzeigen.[4]

Trotz dieses relativ breit gefächerten Spektrums an Literatur zum modernen Horrorfilm bleibt doch zu bemängeln, dass sich das wissenschaftliche Interesse primär auf den US-amerikanischen Horrorfilm bezieht – wie die neueren Studien etwa von Isabel Cristina

---

[1] Stephen Koch etwa schreibt in seinem Artikel „Fashions in Pornography" über Tobe Hoopers *THE TEXAS CHAINSAW MASSACRE*: „a vile little piece of sick crap [...] nothing but a hysterically paced, slapdash, imbecile concoction of cannibalism, voodoo, astrology, sundry hippie-esque cults, and unrelenting sadistic violence as extreme and hideous as a complete lack of imagination can possibly make it." Stephen Koch: Fashions in Pornography – Murder as Cinematic Chic. In: Harper's Magazine, November 1976, S. 108-111, S. 108f.
[2] Jeffrey Sconce: Spectacles of Death: Identification, Reflexivity, and Contemporary Horror. In: Jim Collins/Hillary Radner/Ava PreacherCollins (Hg.): Film Theory Goes to the Movies. London 1993, S. 103-119, S. 105.
[3] Diese Arbeiten beruhen etwa auf den Erkenntnissen von Jacques Lacan, Julia Kristeva oder auch Sigmund Freud. Deren Thesen werden gezielt auf den Horrorfilm angewendet und so neue Aspekte aufgezeigt, die den Horrorfilm und speziell den Slasherfilm zu einem interessanten Untersuchungsgegenstand machen. Vgl. hierzu etwa die Arbeiten von Barbara Creed, Carol Clover, Vera Dika, Linda Williams oder Robin Wood.
[4] So etwa ästhetische, narrative oder medienphilologische Analysen zum Horrorfilm.

Pinedo, Rhona Berenstein, Judith Halberstam oder Cynthia Freeland belegen. Internationaler Horror–etwa aus Spanien, Italien, Südamerika oder Asien– findet oft nur in vereinzelten Artikeln, in Fanmagazinen oder speziellen Internetforen Beachtung. Auch der italienische Giallo wird weitestgehend von der akademischen Betrachtung und Forschung ausgeschlossen. Erst im Jahr 2006 bringt Mikel Koven ein Werk über den Giallo heraus, das über Artikellänge hinausgeht und eine wissenschaftliche Analyse liefert–zu diesem Zeitpunkt ist der Giallo immerhin schon über 40 Jahre alt.

Das zentrale Anliegen dieser Arbeit ist es daher, den Giallo und den Slasherfilm bezüglich ihrer genrespezifischen Merkmale zu untersuchen und zu vergleichen. Einen solchen Vergleich hat es bislang noch nicht gegeben. Dieser Ansatz ist deshalb interessant, weil er zwei auf den ersten Blick sehr ähnliche Genres untersucht, die etwa zur selben Zeit aufkommen, aber aus zwei verschiedenen Ländern bzw. Kontinenten stammen. Die USA und Italien weisen große Differenzen in ihrer Zeit- und Filmgeschichte auf: Während das politische Geschehen in den USA der 60er und 70er Jahre vom Vietnam-Krieg und Rassenunruhen geprägt war, gab es in Italien einen Umbruch und eine Öffnung der Gesellschaft, die bis dahin von einer katholisch-konservativen Moralvorstellung gezeichnet war. Der Horrorfilm hatte–auch aufgrund von Verboten in der Zeit des Faschismus–in Italien keine Tradition und so entwickelte sich der Giallo als Genre ganz neu. In den USA hingegen war das Genre spätestens seit den 20er Jahren ein fester Bestandteil des Hollywood-Studiosystems. Nun gilt es zu untersuchen, ob durch diese unterschiedlichen Traditionen und Bedingungen auch unterschiedliche, evtl. national geprägte Zugänge zu den gleichen Genre-Konventionen entstanden. Denn die beiden Genres scheinen von ihrem Aufbau und der Motivik her zunächst sehr ähnlich–sowohl im Giallo als auch im Slasherfilm gibt es eine Reihe von brutalen Morden vornehmlich an jungen, hübschen Frauen, die durch eine äußerst graphische Gewaltdarstellung schockieren. Können Giallo und Slasherfilm also zum selben Genre gezählt werden–einem Genre, das etwa zeitgleich in Italien und den USA entstand? Mit einem Vergleich der Hauptmotive der jeweiligen Genres sowie einem Blick auf die zeit- und filmgeschichtlichen Umstände in Italien und den USA soll dies geklärt werden.

Der Vergleich des Slasherfilms und des Giallos erfolgt nicht – wie etwa in Genre Guides oder sogenannten Fanzines–auf horizontaler Ebene, das heißt als Aufzählung einer großen Reihe an Filmen zusammen mit meist unbedeutenden Details über die

Special Effects, die Schauspieler etc. In dieser Arbeit soll vielmehr in die Tiefe gegangen und das Genre als Ganzes erfasst werden. Daher werden auch keine einzelnen Filmanalysen geliefert oder ein Überblick über die zugehörigen Filme zum jeweiligen Genre gegeben. Die beispielhaft untersuchten und zitierten Filme erheben keinen Anspruch auf Vollständigkeit und wurden ausgewählt, weil sie zu den bekanntesten und erfolgreichsten Vertretern des jeweiligen Genres gehören: Beim Slasherfilm sind dies etwa John Carpenters HALLOWEEN oder Sean Cunninghams FRIDAY THE 13TH und beim Giallo hauptsächlich die Werke von Dario Argento und Mario Bava.

Im folgenden zweiten Kapitel dieser Arbeit wird zunächst ein Überblick über die Bedeutung des Begriffs ,Genre' und die Funktionen der Genretheorie gegeben. Die Veränderbarkeit und die jedem Genre immanente Prozesshaftigkeit werden thematisiert und die Probleme der Genredefinition dargestellt. Das dritte Kapitel beginnt mit einer kurzen und sehr skizzenhaften Beschreibung des klassischen Horrorfilms und seiner Merkmale. Daraufhin wird der moderne Horrorfilm vom Klassischen abgegrenzt und seine Neuerungen aufgezeigt. Die Entwicklung neuer Motive wie Body-Horror und Subgenres wie dem Splatterfilm verdeutlichen die Veränderungen beim modernen Horrorfilm und bereiten den Weg für den Slasherfilm und auch den Giallo. Im vierten Kapitel wird der Slasherfilm zunächst vom Splatterfilm abgegrenzt und als eigenes Subgenre etabliert. Anschließend werden die Hauptmotive des Slasherfilms genauer untersucht: Zunächst geht es um den Aufbau, das Setting und die Kameraführung, dann folgen inhaltliche Aspekte wie der subjektive Blick des Killers sowie die Analyse der Rolle des Final Girls, die neben dem Killer die Hauptprotagonistin des Slasherfilms ist. Es folgt eine kurze Darstellung der anderen Charaktere – der Jugendlichen und Autoritätspersonen. Den Abschluss des Kapitels bildet die Einordnung des Slasherfilms in den Kontext der gesellschaftlichen und sozialen Umstände in den USA. Das fünfte Kapitel dreht sich zunächst um die Bedeutung des Giallos und seiner Zuordnung als Genre. Dann folgt eine Analyse der stärksten Motive – die Verknüpfung von Sexualität und Gewalt sowie die Bedeutung von Kunst, Künstlichkeit und Inszenierung im Giallo. Zum Schluss des Abschnitts wird der Giallo im Zusammenhang mit den gesellschaftlichen Umbrüchen in Italien sowie im Kontext des italienischen Filmmarktes untersucht und eingeordnet. Im darauffolgenden sechsten Kapitel werden der Giallo und der Slasherfilm schließlich direkt miteinander verglichen, beispielsweise im Hinblick auf die narrative Struktur der Filme oder die Motivation der Killer. Es folgen eine Gegenüberstellung der jeweiligen Hauptcharaktere – also Final Girl und

Amateurdetektiv–sowie die Funktion der Maskierung des Mörders bei dem jeweiligen Genre. Eine Betrachtung der Ästhetik der Mordszenen, die stark den Nummern beim Pornofilm gleichen, ergänzt die Analyse der Genres. Schließlich wird der Low Culture-Charakter der Filme herausgestellt und– in einem Unterkapitel–der Camp-Charakter der Gialli thematisiert. Das siebte Kapitel bietet einen kurzen Abriss vom Niedergang des Slashergenres und seiner–ironisch-gebrochenen–Wiederauferstehung in den 90er Jahren. Außerdem werden die neuesten Entwicklungen im Bereich des Horrorfilms kurz skizziert. Im abschließenden achten Kapitel werden die Ergebnisse der Untersuchung zu einem Fazit zusammengefasst und ausgewertet.

Leider mussten manche interessante Aspekte, wie beispielsweise das Phänomen des Serienmörders und Serienmords in den USA, aufgrund des begrenzten Umfangs dieser Arbeit unberücksichtigt bleiben.[5] Auch auf die Rezeptionsweise und die Zusammensetzung des Publikums der Horrorfilme wird nur am Rande eingegangen, da es in dieser Arbeit um eine Werkanalyse und nicht um die Rezeption dieser Werke geht.

2. Genre und Genretheorie

„[Genres] function as instances of variation and regulation determining regimes of controlled variety"[6]

Der Begriff des ‚Genre' ist aus dem Französischen abgeleitet (von lat.: genus) und bedeutet Gattung oder Art. Da im Laufe der Filmgeschichte die Zahl der Filmproduktionen fortschreitend anstieg, wuchs auch die Notwendigkeit, Kategorien für verschiedene Filmgruppen zu entwickeln. Die Genretheorie ist eine der Möglichkeiten, nach denen sich Gruppierungen von Filmen bilden lassen.[7] Sie füllt somit die Lücke zwischen der filmtheoretischen Mikroebene (die Analyse einzelner Filme) und der

---

[5] Der Serienmörder wird durch seine mediale Inszenierung z. B. als soziale Konstruktion gesehen, über die Mythen gebildet werden und die eine gewisse Faszination auf die amerikanische Bevölkerung ausübt. Serienkiller üben Gewalt als eine Art Selbstverwirklichung aus und sind somit auch ein Teil des amerikanischen Wertesystems. Sie repräsentieren kulturelle Phobien und werden zur Projektionsfigur für die gesellschaftlichen Ängste, die in anderen Völkern normalerweise auf, Volks-Teufel' wie Hexen oder Vampire übertragen werden. Vgl. Philip L. Simpson: Psycho Paths–Tracking the Serial Killer Through Contemporary American Film and Fiction. Carbondale/Edwardsville, Illinois 2000. Mehr zum Thema vgl. Philip Jenkins: Using Murder- The Social Construction of Serial Homicide. New York 1994.
[6] Stephen Neale: Genre. London 1983, S. 42
[7] Andere Gesichtspunkte sind beispielsweise die Gruppierung von Filmen nach Epochen (der Film der Weimarer Republik oder der NS-Zeit), nach Herkunftsländern (der französische Film), nach Gattungen (der Animationsfilm), nach ihren Regisseuren bzw. Produzenten (z. B. ein *Hitchcock*-Film) etc.

Makroebene der allgemeinen Filmtheorie. Sie ermöglicht Aussagen mittlerer Reichweite und bildet dementsprechend eine Art Zwischenebene.

Das Genrekino legt seinen Fokus auf Mainstream-Filme, das heißt auf kommerzielle Filme im Allgemeinen, speziell jedoch Hollywood-Filme. „Stated simply, genre movies are those commercial feature films which, through repetition and variation, tell familiar stories with familiar characters in familiar situations."[8] Als Kennzeichen des Genres werden demzufolge die beständige Wiederkehr von vertrauten Situationen, Figurenkonstellationen, Settings usw. gesehen, also die Wiederholung von Stereotypen. Gleichzeitig werden diese Stereotypen aber auch immer wieder variiert und neu in die narrative Form des Films eingebettet.

Es wird also schnell deutlich, dass Genrebilder im Sinne einer kunstwissenschaftlichen Ikonographie keine eindeutige Form ausbilden, sondern sich als Schemata mit zahlreichen Modifikationen darstellen.[9] Es ist die Aufgabe der Genrefilmer, diese Breite an Möglichkeiten immer neu auszuschöpfen und zu erweitern. So erlebt das Publikum in verschiedenen Filmen eines Genres eine allen gemeinsame Form, die jedoch immer wieder neu umgesetzt wird.[10] Da das Prinzip der Wiederholbarkeit zwar zentral für das Genrekonzept ist, diese Wiederholung aber immer auch mit einer Abänderung verbunden ist, lassen sich die stereotypischen Elemente, aus der das kulturelle System der Genres zusammengesetzt ist, in der Regel nur sehr schwer ausmachen. Genauso wie die Elemente sind auch die Bezeichnungen für die Genres selbst letztlich unscharf und somit im kommunikativen Gebrauch flexibel. Auch der Slasherfilm als Subgenre des Horrorfilms ist kein klar abgegrenzter Genrebegriff und bezeichnet keinen ganzheitlichen Korpus an Filmen. Verschiedene Begriffe wie Stalker-film,[11] stalk and

---

[8] Barry Keith Grant, zitiert nach Stephen Neale: genre and hollywood. London/New York 2000, S. 9.
[9] Am Beispiel des Westerns lassen sich solche variierten Schemata deutlicher erkennen. John Wayne und Gary Cooper bildeten in ihren Filmen ein markantes visuelles Profil aus, das einen starken Wiedererkennungseffekt hatte. Die Darsteller des Italo-Westerns wie Clint Eastwood oder Guiliano Gemma hoben sich von diesem Profil wiederum so deutlich ab, dass sie eigene Prototypen bildeten. So gab es in demselben Genre völlig unterschiedliche prototypische Protagonisten.
[10] Vgl. Knut Hickethier: Genretheorie und Genreanalyse, S. 78. In: Jürgen Felix (Hg.): Moderne Film Theorie. Mainz 2003, S. 62-96.
[11] Vgl. beispielsweise Vera Dika: Games of Terror - Halloween, Friday the 13th, and the Films of the Stalker Cycle. Cranbury, New Jersey/London 1990, S. 9.

slash-film, teen-slasher oder teenie-kill-pic[12] sowie andere Subgenres, die thematisch sehr eng am Slasher angelehnt sind,[13] verdeutlichen die Problematik.

Vielleicht ist auch genau das ihre Funktion; wenn Genres die eher diffusen Vorstellungen von Medienangeboten repräsentieren sollen, wird dies enorm erleichtert durch eine nicht allzu präzise Festlegung und Definition des Begriffs. Schließlich bestehen Genres auch und vor allem aus spezifischen Systemen der Erwartungen und Hypothesen, die die Zuschauer mit ins Kino bringen und die mit den Filmen während des Rezeptionsprozesses selbst interagieren.[14] Wären diese Erwartungshaltung und die Assoziationen beim Publikum nun genau definiert, könnten sie von dem einzelnen konkreten Film vielleicht gar nicht erfüllt werden. Daraus schließt Hickethier, dass eine gewisse Unschärfe des Begriffs absolut notwendig ist für das Funktionieren der Genrebegriffe im kommunikativen Gebrauch.[15] Deshalb ist es auch nahezu unmöglich, eine Genretypologie zu entwickeln, die sich nicht überschneidet und klare Grenzen aufweist.

Zusammenfassend lässt sich sagen, dass bei der Betrachtung von Genres mehrere und mitunter auch ganz verschiedene Aspekte beachtet werden müssen. Um einem Genre am ehesten gerecht zu werden, bietet es sich an, es anhand verschiedener Kriterien zu analysieren. Diese sollten die Beziehungen zwischen den Filmgruppen, den Kulturen, in denen sie gemacht wurden und den Kulturen, in denen sie rezipiert werden, umfassen.[16] Nur so kann man sicher gehen, die Komplexität des Begriffs zu erfassen und keine wichtigen Aspekte unbeachtet zu lassen.

2.1 Veränderbarkeit von Genres

Viele Genretheoretiker (vor allem Hickethier und Bordwell) stellen die Veränderbarkeit von Genres als eines der zentralen Merkmale des Genres heraus. Ein Kennzeichen des Genres ist die Wiederholung von Stereotypen – würden jedoch die Themen einfach

---

[12] Hier vor allem Robin Wood, beispielsweise in „Return of the repressed." In: Film Comment 14 Nr. 4, Juli/August 1978, S. 25-32.
[13] Hier wäre vor allem der sogenannte „rape-and-revenge"-Film zu nennen, zudem beispielsweise Meir Zarchis I SPIT ON YOUR GRAVE oder Wes Cravens THE LAST HOUSE ON THE LEFT gehören, und in denen sich eine vergewaltigte Frau bzw. ihre Angehörigen an den Peinigern in brutaler Selbstjustiz rächen.
[14] Vgl. Stephen Neale: Questions of Genre. In: Barry Keith Grant (Hg.): Film Genre Reader II. Austin, Texas 1995, S. 162-183, S. 168.
[15] Vgl. Hickethier: Genretheorie und Genreanalyse, S. 63.
[16] Vgl. auch Andrew Tudor: Critical method... genre. In: Joanne Hollows/Peter Hutchings/Mark Jancovich: The Film Studies Reader. London 2000, S. 95-98, S. 97.

immer wiederholt, entstünde schnell Langeweile. Daher gehört es zum Genre, dass seine Motive und Inhalte nicht einfach in gleicher Form wiederkehren, sondern dass sie ständig variiert und neu in den Genrekontext eingebettet werden. Die Prototypen des Genres müssen immer wieder neu erzählt werden, damit sich das Genre ‚am Leben' erhält.

Nach Hickethier stellen Genres keine festen Regelsysteme, sondern „historisch veränderbare Konstruktionen"[17] dar, die sich im Laufe der Zeit (und mit der Weiterentwicklung der Filmgeschichte) verändern können. Er plädiert dafür, die Genres in ihrer Geschichtlichkeit zu begreifen und darzustellen.[18] Alle Genres haben einen historischen Charakter, sie sind quasi von sich aus zeitlich: einerseits ist ihnen eine Wandelbarkeit inhärent, andererseits auch ihre Historizität.[19]

Jeder neue Film, der gedreht und in ein bestimmtes Genre eingeordnet wird, verändert den Genrekorpus, indem er ihm etwas Neues hinzufügt. Daraus konzipiert Hickethier ein Modell, das die Historizität der Genres berücksichtigen soll. Genres bestehen demzufolge aus vier verschiedenen Phasen: die erste Phase ist die der Entstehung, danach stabilisiert sich das Genre, bis es sich schließlich erschöpft und dann neu bildet. Ein Genre entsteht fast immer dadurch, dass ein spezieller Film kommerziell besonders erfolgreich ist und deshalb seine erfolgversprechenden Strukturen nachgeahmt werden. Diesem Film kommt dann für das Genre eine paradigmatische Funktion zu, da er sich als Prototyp eines neuen Genres stark von anderen, bisher bekannten Genres unterscheidet.[20] Andere Varianten dieses Prototyps entwickeln die Motive und erzählerischen Konstruktionen weiter zu einer Art Schema, bis ein „Ensemble von Varianten"[21] entsteht, die zusammen für das Genre stehen. Stabilisiert hat sich ein Genre allerdings erst, wenn sich auf der Seite der Produzenten und der Rezipienten ein konkretes Bewusstsein von diesem Genre konstituiert hat. In dieser Phase erhält es meist auch seinen spezifischen Genrenamen aus den kulturellen Diskursen heraus.

---

[17] Hickethier: Genretheorie und Genreanalyse, S. 71.
[18] Vgl. Knut Hickethier, Wolf Dieter Lützen: Krimi-Unterhaltung. Überlegungen zu einem Genre am Beispiel von Kriminalfilmen und -serien. In: Helmut Hartwig (Hg.): Sehen lernen. Kritik und Weiterarbeit am Konzept Visuelle Kommunikation. Köln 1976, S. 312-345.
[19] Neale: Questions of Genre, S. 170.
[20] Für den Slasherfilm kann John Carpenters HALLOWEEN als dieser konstituierende Film gelten. Er führt als erster alle typischen Slasherelemente wie ein starkes Final Girl, die Verlagerung der Handlung an ein ruhiges Setting etc. ein, vgl. Kap. 4. Für den Giallo übernimmt Mario Bavas SEI DONNE PER L´ASSASSINO diese Rolle, vgl. Kap. 5.
[21] Hickethier: Genretheorie und Genreanalyse, S. 72.

Die verschiedenen Variationen des Genres bilden sogenannte Prototypen, die Grunderzählungen eines Genres, die mit jedem neuen Film leicht abgewandelt werden. Allerdings geht die Genretheorie davon aus, dass die Zahl der Prototypen eines jeden Genres eng begrenzt ist: „Kein Genre weist mehr als ein Dutzend Geschichten mit freilich schier unendlichen Variationen auf."[22] In der Theorie wird die Entstehung dieser Prototypen unterschiedlich erklärt, etwa durch den Bedarf an „Urbildern" (Seeßlen) oder Mythen (u.a. Warshow, Bazin und Schatz) oder durch das kulturelle Bedürfnis nach den in den Genres erzählten Geschichten (Hickethier).

Die historischen und kulturellen Veränderungen führen schließlich zur Erschöpfung der Genres. Die Variationsmöglichkeiten der genreimmanenten Prototypen sind früher oder später ausgeschöpft, vor allem, wenn sich die kulturelle Umgebung in der Weise verändert hat, dass Genres (die ja in gewisser Weise das kulturelle Selbstverständnis der Zeit widerspiegeln) ihre Funktion der Regulierung des jeweils aktuellen Selbstverständnisses verlieren.[23] In dieser Phase kommt es häufig zu Genreparodien, die mit den Erwartungshaltungen der Zuschauer spielen und quasi ein ‚Metagenre' darstellen. Beim Slasherfilm beginnt dies beispielsweise mit dem Aufkommen der ‚neuen' Slasherfilme wie Wes Cravens SCREAM oder Jim Gillespies I KNOW WHAT YOU DID LAST SUMMER, die sehr selbstreflexiv sind und mit den bekannten Genreregeln spielen. Noch etwas später hat sich das Genre auch in seiner neuen Form erschöpft und mit der parodistischen SCARY MOVIE-Reihe von Keenen Ivory Wayans und David Zucker wird ihm ein – zumindest vorläufiges – Ende gesetzt.

Manchmal lassen sich schon erschöpfte Genres durch die Kombination mit Elementen aus anderen Genres transformieren. Wichtig scheint hierbei zu sein, dass der dadurch entstandene Genremix die neuen kulturellen Bedürfnisse befriedigen kann. Gelingt dies, kann daraus ein neues Genre entstehen. Im Laufe der Zeit lässt sich also eine immer weitere Ausdifferenzierung der Genres erkennen. Ein Beispiel hierfür wären etwa Jonathan Demmes THE SILENCE OF THE LAMBS oder David Finchers SEVEN, die Elemente des Slasher- und Splatterfilms mit dem Psychothriller-Genre kombinieren und kommerziell überaus erfolgreich sind.

---

[22] Georg Seeßlen: Genre - mehr als ein Begriff. Die Übermittlung von Botschaften in ästhetischen Strukturen. In: medien+erziehung, H.4, S.209-218, S.214.
[23] Vgl. Hickethier: Genretheorie und Genreanalyse, S.73.

Die prozesshafte Natur von Genres manifestiert sich als Interaktion zwischen drei Ebenen: der Erwartungsebene, der Ebene des generischen Korpus' und der Ebene der ‚Regeln' und ‚Normen', die die beiden anderen bestimmt. Jeder neue Genrefilm fügt dem bestehenden Genrekorpus etwas hinzu und bedeutet zugleich eine Selektion aus dem Repertoire der Genreelemente, die zu diesem Zeitpunkt etabliert sind. Außerdem tendiert jeder neue Genrefilm dazu, das Repertoire des Korpus zu erweitern, sei es durch das Hinzufügen eines neuen Elements oder durch das Überschreiten eines schon vorhandenen. Dadurch werden die Elemente und Konventionen eines Genres immer variiert, anstatt nur wiederholt zu werden (sie sind „*in* play rather than being *re*played"[24]) und der generische Korpus wird immer weiter ausgeweitet. Aufgrund dieser Ausweitung gibt es auch so viele Hybride, also Filme, die Elemente verschiedener Genres in sich vereinen.

Thomas Schatz definiert Genres ebenfalls als aus thematischen Gegensätzen bestehende Systeme, die aktuelle gesellschaftliche Tendenzen und Widersprüche aufnehmen und in der Narration des Films zum Ausdruck bringen.[25] Die gesellschaftlichen Funktionen der Genres definiert er dabei unterschiedlich: er unterscheidet Genres, die dazu beitragen, die soziale Integration zu festigen (z.B. das Musical, das Melodram oder die Komödie) und solche, die die bestehende gesellschaftliche Ordnung bejahen und festigen wie der klassische Horrorfilm oder der Western.[26]

An die Mythenanalyse knüpfen weitere Ansätze an, die in eine ähnliche Richtung gehen, wie beispielsweise die Zuordnung von Urbildern oder Archetypen im Sinne von C.G. Jung zu den Filmgenres. Obwohl der Mythos-Begriff und die Mythenanalyse in der Genretheorie einige interessante Aspekte aufgezeigt haben, ist der Ansatz differenziert zu betrachten. Denn die Suche nach bestimmten Gesichtspunkten, die ein Genre ausmachen sollen, ist an sich schon problematisch – hier wird nicht nur festgelegt, welche Aspekte alle Filme eines Genres teilen *müssen*, sondern auch, welche Gesichtspunkte Filme eines anderen Genres *nicht* teilen können. Hieraus ergeben sich Genretheorien, die oft Definitionen vorgeben, die entweder Filme in ein Genre mit

---

[24] Neale: Questions of Genre, S. 170.
[25] Hierbei werden häufig vorhandene Wertgegensätze durch einzelne Protagonisten zum Ausdruck gebracht: eine romantische Liebe zielt beispielsweise oft auf eine Integration unterschiedlicher Positionen. Vgl. Thomas Schatz: Genre. In: Gary Crowdus (Hg.): A Political Companion to American Film. New York 1994, S. 177-185.
[26] Vgl. Hickethier: Genretheorie und Genreanalyse, S. 82.

einschließen, die nie zuvor zu einem bestimmten Genre gezählt wurden, oder im Gegensatz dazu Filme ausschließen, die eigentlich dazugehören müssten.

2.2 Probleme der Genredefinition

Die Genretheorie könnte man auch als Metatheorie bezeichnen, da sie eine Theorie des Genres als Form bildet, die „das mediale und kulturelle Ordnungsprinzip ›Genre‹"[27] übergreifend erklärt und durch die Verhältnisbeschreibung der einzelnen Genres zueinander eine Genresystematik schafft. Im Allgemeinen liefert die Genretheorie eine Definition der Genres und beschreibt seine narrativen Muster sowie die visuellen Stereotypen. Außerdem untersucht sie die Geschichte des Genres, stellt den Zusammenhang zur industriellen Filmproduktion heraus und analysiert das Verhältnis zwischen Genre und Autorenkonzept. Ein weiterer wichtiger Aspekt ist die Funktion von Genres (auch als Teil einer medialen Industrielandschaft) in der Rezeption von Filmen.

Eine allumfassende Definition des Konzepts des Genres zu finden, gestaltet sich als wesentlich schwieriger als eine Beschreibung der Genretheorie. Allein schon die Zusammenstellung der Genres erweist sich als schwierig und in sich strittig, wobei es deutliche Unterschiede in der Wahrnehmung von Genres innerhalb der Kommunikation über die Filme gibt. Es gibt noch immer sogenannte Prototypen von Genres, wie beispielsweise den Western und den Kriminalfilm (sie haben die am stärksten ausgeprägten Regelsysteme hinsichtlich des Plots, des Settings, der Figuren usw.) und auf der anderen Seite Filme, die sich nur äußerst schwer einem Genre zuordnen lassen – weil sie oft die Elemente mehrerer, manchmal dutzender Genres in sich tragen. Aber auch wenn die Definition oft problematisch ist und nicht zu einem einheitlichen Ergebnis führt, werden Genrekategorien noch immer umfassend gebraucht, ob in der Filmindustrie oder beim Publikum. Zuschauer beispielsweise verwenden die Genrebezeichnungen, um ihre eigenen Vorlieben und die der anderen zu definieren; dieser Aspekt von Genre wurde allerdings noch kaum untersucht. Es steht also noch aus, herauszufinden, wie Leute einzelne Genres wie den Thriller oder den Horrorfilm

---

[27]Hickethier: Genretheorie und Genreanalyse, S. 84.

verstehen und welche Effekte diese Begriffe auf die Rezeption von Genrefilmen haben.[28]

In Zukunft wird das Genrekonzept wohl noch komplexer werden als es jetzt schon ist. Die Fragmentierung der Medien und die damit zusammenhängende Auflösung fester Zuschauergrößen sowie die Möglichkeit, bestimmte Teile des Publikums direkt anzusprechen, macht es heute wahrscheinlicher denn je, dass neue Genre-Kategorien durch das Publikum konstituiert werden. Bislang wurden die Genres hauptsächlich aus anderen Medien übernommen oder von der industriellen Filmproduktion begründet. Seit Ende des 20. Jahrhunderts vermischen sie sich nicht nur immer weiter, sondern es wird auch deutlich, dass die Zukunft der Genres zunehmend vom Publikum abhängt. Neue mediale Kommunikationsmöglichkeiten wie der elektronische Datenverkehr, Satellitenübertragung oder die Möglichkeit, selbst Videoclips im Internet zu verbreiten und zu rezipieren,[29] verdeutlichen dies. Alte Genres werden so auf eine neue Weise rezipiert und transformiert – und entwickeln sich vielleicht wieder zu neuen Genres weiter.

3. Das Horrorgenre

3.1. Der klassische Horrorfilm[30]

Der Filmkorpus, der in der heutigen Betrachtungsweise den Horrorfilm ausmacht,[31] beginnt in der Zeit der Weimarer Republik mit den expressionistischen Filmen wie Robert Wienes DAS CABINET DES DR. CALIGARI (1919) oder Robert Murnaus NOSFERATU

---

[28] Vgl. Hollows: The Film Studies Reader, S. 88.

[29] Auf der Website YouTube.com findet man Film- und Fernsehausschnitte, Musikvideos und selbstgedrehte kurze Filme. Täglich werden etwa 65.000 neue Videoclips hochgeladen und 100 Millionen Videos von anderen Usern angesehen. Quelle: Reuters: YouTube serves up 100 million videos a day online. Erschienen am 16.07.2006. Online: http://www.usatoday.com/tech/news/2006-07-16-youtube-views_x.htm?(Zugriff 15.11.2007).

[30] Die Geschichte des Horrorfilms soll an dieser Stellen nur angerissen werden. Eine gute Übersicht bieten etwa Norbert Stresau: Der Horror-Film. Von Dracula zum Zombie-Schocker. München 1989; Pam Cook (Hg.): The Cinema Book. London 1987 oder Georg Seeßlen/Claudius Weil: Kino des Phantastischen. Reinbek bei Hamburg 1980, S. 43-72.

[31] Die Geschichte des Horrorfilms kann fast schon mit der Geschichte des Films gleichgesetzt werden. Bereits im Jahr 1896 drehte Georges Méliès LE MANOIR DU DIABLE, in dem die ersten Elemente des Horrorfilms auftauchen: Mephistopheles erschafft unheimliche Gestalten wie Skelette und Gespenster. Allerdings hatte Méliès' kleiner Film wahrscheinlich noch nicht die Intention, den Menschen Angst einzuflößen, sondern diente eher zur Demonstration der neu erworbenen ‚magischen' Kunst der bewegten Bilder.

15

– EINE SYMPHONIE DES GRAUENS (1922).[32] Seit den 30er Jahren ist der Horrorfilm durch das Aufblühen des Studiosystems in Hollywood deutlich amerikanisch geprägt.

Die Phase des klassischen Horrorfilms, die bis in die 60er Jahre hineinreicht, ist stark von den phantastischen Stoffen und Figuren aus der Literatur des Gothic Horror beeinflusst.[33] In Filmen wie James Whales' FRANKENSTEIN (1931) und Tod Brownings DRACULA (1931) werden die Monster und Halbwesen der damals populären Romane von Mary Shelley und Bram Stoker aufgegriffen. Aber auch andere Monster wie Zombies, Mumien und Werwölfe halten Einzug in den Horrorfilm.[34]

3.1.1. Das Konzept des Monsters im klassischen Horrorfilm

Die Grundformel des klassischen Horrorfilms ist simpel und in ihrer Einfachheit jedem leicht verständlich: Horror entsteht dadurch, dass ein Monster in die Normalität eindringt, durch seine Anwesenheit Angst und Schrecken verbreitet und somit das Fortbestehen der natürlichen Ordnung gefährdet.[35] Allerdings steht bei dieser Annahme noch die Definition der Begriffe ‚Monster‘ und ‚Normalität‘ bzw. ‚natürliche Ordnung‘ aus. Wood charakterisiert die Normalität als „monogamous couple, the family, and the social institutions [...] that support and defend them."[36] Diese Normalität, meist durch dominante amerikanische Stereotypen repräsentiert, wird von einem Monster bedroht, das gekennzeichnet ist durch all das, was von den dominanten sozialen Normen ausgeschlossen wird, also dem Abnormalen.

Auch bei Seeßlen ist das Monster zentral für den Horrorfilm. Er bezeichnet es als Halbwesen, also ein Wesen, das „halb Mensch, halb Tier oder halb lebendig, halb tot oder halb Mensch, halb Dämon ist."[37] Bei dieser Typologie fällt auf, dass das Monster immer ein Halbwesen ist und somit die Möglichkeit eines menschlichen Monsters

---

[32] NOSFERATU war die erste – wenn auch nicht autorisierte – Verfilmung des Romans DRACULA von Bram Stoker.

[33] Vgl. Arno Meteling: Monster. Zu Körperlichkeit und Medialität im modernen Horrorfilm. Bielefeld 2006, S. 23.

[34] Vgl. etwa Victor Halperins WHITE ZOMBIE (1932), Karl Freunds THE MUMMY (1932) oder George Waggners THE WOLF MAN (1941).

[35] Vgl. beispielsweise Robin Wood: An Introduction to the American Horror Film. In: Robin Wood/Richard Lippe: The American Nightmare – Essays on the Horror Film. Toronto 1979, S. 7-28, S. 25.

[36] Ebd., S. 26.

[37] Georg Seeßlen/Claudius Weil: Kino des Phantastischen. Reinbek bei Hamburg 1980, S. 9.

16

komplett ausgeschlossen wird[38] (obwohl zur Zeit der Veröffentlichung von Seeßlens Buch bereits seit ungefähr zwei Jahrzehnten die Tendenz zu menschlichen Mördern bzw. Serienmördern geht).

Die Narration des klassischen Horrorfilms wird oft durch eine abrupte Unterbrechung der sozialen oder moralischen Ordnung durch ein Monster eröffnet. Das Monster kann die Form eines widernatürlichen oder fremden Eindringlings annehmen – wie etwa Zombies oder Dracula. Es kann aber auch aus dem Inneren der Gesellschaft kommen – in diesem Fall wird es jedoch durch widrige Umstände erschaffen, wie bei Dr. Jekyll und Mr. Hyde. Menschlich ist das Monster nicht. Die Erzählung baut sich um die Taten des Monsters sowie die zunächst erfolglosen Versuche der Menschen, das Böse zu vernichten, auf. Am Ende setzen ein männlich besetztes Heer oder Wissenschaftler doch noch erfolgreich ihr Potential ein, das entweder aus Gewalt oder aus Wissen besteht. Sie bekämpfen und besiegen das Monster und stellen so die Ordnung, die vorher symbolisch zerstört wurde,[39] wieder her. Die narrative Geschlossenheit wird so wieder hergestellt. Die Grenze zwischen Gut und Böse, dem Menschlichen und dem Fremden, der Normalität und dem Anderen ist sehr starr. Durch den notwendigen Sieg des Guten über das Böse wird eine konservative Weltsicht propagiert, in der Bedrohungen der sozialen Norm weitestgehend von außerhalb kommen und durch menschliche Kraft abgewendet werden.[40]

---

[38] Folgende Halbwesen werden mit Beispielen detailliert beschrieben: *Der künstliche Mensch, Wesen, die nicht tot und nicht lebendig sind, Tiermenschen, Tiere, die menschliche Züge annehmen, Der Doppelgänger, Hexen.* Vgl. ebd., S. 24-28.

[39] Martin Bridgstock: The Twilit Fringe – Anthropology and Modern Horror Fiction. In: Journal of Popular Culture, Ausg. 23 Nr. 3, Winter 1989, S. 115-123, S. 117. Eine gegensätzliche Darstellung bietet Rhona Berenstein – sie analysiert den Horrorfilm der 30er bis 60er Jahre mit einem Gender-Ansatz und kommt zu dem Schluss, dass der klassische Horrorfilm in seiner Gesamtheit viel unbeständiger und vieldeutiger ist, als in der Literatur gemeinhin angenommen wird. Vgl. Rhona Berenstein: Attack of the Leading Ladies: Gender, Sexuality, and Spectatorship. New York 1996.

[40] Vgl. Isabel Cristina Pinedo: Postmodern Elements of the Contemporary Horror Film. In: Stephen Prince (Hg.): The Horror Film. New Brunswick, New Jersey 2004, S. 82-117, S. 89.

3.2 Der moderne Horrorfilm[41]

"Godzilla didn't scare me. It's people that I'm afraid of." [Tobe Hooper]

Im Jahr 1960 kommen mit Alfred Hitchcocks PSYCHO, der als „savage assault on the audience and its belief systems"[42] gewertet wird, und Michael Powells PEEPING TOM zwei Filme auf den Markt, die ein neues Zeitalter in der Geschichte des Horrorfilms einleiten. Die Monster dieser beiden Filme sind nicht nur menschlich, sondern auch realistisch, das heißt, ihre Taten haben ein psychologisch erklärbares Motiv. Die Mörder werden aus einem inneren Zwang heraus dazu getrieben, sexuell aktive Frauen zu ermorden. Hierdurch werden Zusammenhänge hergestellt zwischen männlichem Voyeurismus und der Objektifizierung der Frau sowie dem Mord als Substitut für sexuelle Handlungen, die von Hitchcocks FRENZY bis zu den Slashern der 80er Jahre wie HALLOWEEN und FRIDAY THE 13TH immer wieder dargestellt und verarbeitet werden.[43]

Das Monster, das vorher eine leichter kennbare Bedrohung von außen war, kommt jetzt von innen – an der Oberfläche ist es ein Mensch wie jeder andere. Gewalt wird häufig mit Wahnsinn und Chaos gleichgesetzt, zwei Elemente, die von außen nicht kontrolliert und zerstört werden können und schnell die kulturell etablierten Schranken überschreiten. Das Böse kann überall und in Jedem lauern – somit wird die klare Grenze zwischen Gut und Böse zugunsten eines Zustands latenter permanenter Angst und Unsicherheit aufgehoben. Auch der Ausgang des modernen Horrorfilms unterscheidet sich wesentlich von den früheren Filmen: wurde das Monster hier fast immer besiegt, gibt es dort meist kein glückliches Ende und das Monster triumphiert. Oft scheint es so, als sei das Monster besiegt, doch dann gibt es am Ende des Films ein Zeichen seiner nicht vollständigen Zerstörung und somit wahrscheinlichen Rückkehr. Der Ausgang ist

---

[41] Ob man den Horrorfilm ab den 60er Jahren als modern, postmodern (wie etwa Pinedo) oder einfach als ‚post-1960s' (Tudor) bezeichnet, hängt vom Analyseschwerpunkt des Betrachters ab. In dieser Arbeit wird der Begriff ‚modern' zur deutlichen Abgrenzung gegen den klassischen Horrorfilm verwendet. Vgl. etwa: Andrew Tudor: Monsters and Mad Scientists: A Cultural History of the Horror Movie. Oxford 1989.

[42] Prince: The Horror Film, S. 4.

[43] In der Literatur wird diese Tendenz nicht selten als Antwort auf die Frauenbewegung in den 60er Jahren und die damit verbundenen kulturellen Veränderungen wie die sexuelle Befreiung der Frau verstanden. Die Folge dieses Phänomens sind konservativer oder sogar rückschrittlicher Natur, denn sie erzeugen stereotypische und ideologisch motivierte Bilder von Frauen, die für das Überschreiten von traditionellen sexuellen und moralischen Grenzen brutal bestraft werden. Vgl. beispielsweise Joseph Grixti: Terrors of Uncertainty. The Cultural Contexts of Horror Fiction. London/New York 1989, S. 23.

also ungewiss, die narrative Geschlossenheit wird nicht wieder hergestellt und der Triumphüberdas Monster ist nur scheinbar.[44]

Das Monster kann nicht immer als das reine Böse betrachtet werden, genauso wie die soziale und gesellschaftliche Ordnung nicht als uneingeschränkt gut gelten kann.[45] Häufig wird das Monster als eine Art Bestrafung für die Nichteinhaltung gesellschaftlicher Normen betrachtet (beispielsweise die sexuelle Emanzipation der Frau) oder als „return of the repressed"[46], also der Rückkehr des Unterdrückten, des Bösen in der Gesellschaft. Dieser Aspekt stellt die Unfehlbarkeit der sozialen Ordnung und den Sinn der Erhaltung des Status quo in Frage. Nach Julia Kristeva ist das Monster das „Abjekte", das keine Grenzen, Regeln und Gesetze akzeptiert und „where meaning collapses".[47] Eine Verletzung dieser kulturellen Kategorien bedeutet eine Gefahr für den Fortbestand der Gesellschaft, daher muss das Monster vollständig zerstört werden – nur dann kann die Bedrohung der sozialen Ordnung aufgehoben werden.[48] Andere Autoren wie Stephen Neale verbinden die Erscheinung des Monsters mit der Faszination des Publikums, den Körper des Monsters voyeuristisch und/oder fetischistisch zu betrachten. Das Monster bildet als eine Art Fetisch-Element die Spezialeffekte, die dem Horrorgenre inhärent sind und zieht den voyeuristischen Blick des Publikums auf sich.[49]

3.3 Motive des modernen Horrorfilms

3.3.1 Splatter und Gewalt

Die Horrorfilme, die auf PSYCHO und PEEPING TOM folgen, greifen meistens auf das Muster des Psychopathen und des menschlichen Monsters zurück. Dennoch sind sie keine bloßen Kopien der genannten Werke. Vielmehr beziehen sie ihre Inspiration aus

---

[44] So in fast allen Slashern von THE TEXAS CHAINSAW MASSACRE über HALLOWEEN bis hin zu SCREAM. Natürlich müssen hier auch die ökonomischen Gesichtspunkte berücksichtigt werden: wenn ein Film erfolgreich war, ermöglichte ein offenes Ende den Dreh eines bzw. mehrerer Sequels zum Film.
[45] Vgl. Pinedo: Postmodern Elements of the Contemporary Horror Film, S. 100.
[46] Wood: Return of the repressed, S. 25.
[47] Julia Kristeva. Powers of Horror – An Essay on Abjection. New York 1982, S. 2. Unter dem Begriff des Abjekten versteht Kristeva zunächst alles, was in einem Menschen Ekel und Abneigung hervorruft wie etwa Leichen, Körpersäfte oder der Ekel vor bestimmten Tieren. „Das Abjekte hat eine einzige Qualität: es konfrontiert das Ich mit seinen Grenzen und seinen Ängsten und führt ihm vor Augen, daß das Leben immer schon vom Tode infiziert ist." „Abjektion". In: Renate Kroll (Hg.): Metzler Lexikon Gender Studies – Geschlechterforschung. Ansätze – Personen – Grundbegriffe. Stuttgart 2002, S. 1.
[48] Vgl. Pinedo: Postmodern Elements of the Contemporary Horror Film, S. 94.
[49] Vgl. Stephen Neale: Genre. London 1983, S. 21 f. Einen ähnlichen Ansatz vertritt Roger Dadoun in seinem Aufsatz „Fetishism in the Horror Film". In: James Donald (Hg.): Fantasy and the Cinema. London 1989, S. 39-62.

einer Reihe von Quellen innerhalb und außerhalb des Genres wie etwa der Tradition des Thrillers oder Kriminalfilms.[50] Außerdem entwickeln sie die angeregten Neuerungen wie menschliche Monster und vor allem explizitere Gewaltdarstellungen konsequent weiter und konstituieren so eine neue Ära des Horrorfilms.[51] Doch auch wenn Gewalt ein wichtiges Merkmal des Genres ist, muss sie doch in den Kontext des Monsters oder der Monstrosität –definiert als unnatürliche Macht– eingeordnet werden.[52]

Die Darstellung der Gewalt ersetzt als neues Stilmittel die subtile, atmosphärische Angsterzeugung des klassischen Horrorfilms durch die direkte Konfrontation mit der Angst. Die Unterbrechung des Normalen nimmt die Form von physischer Gewalt gegen den Körper an und wird zum „act of *showing* the spectacle of the ruined body."[53] Splatter und Gore[54] –die Inbegriffe der gewaltsamen Zerstörung des Körpers – rücken in den Mittelpunkt. „Der Film strahlt die Erscheinung des Entsetzlichen an, dem wir sonst im Dunklen begegnen, macht das in Wirklichkeit Unvorstellbare zum Schauobjekt."[55] Krakauer bestimmt in seiner „frühe[n] Theorie des Splatterfilms"[56] das Böse oder Entsetzliche durch seine Eigenschaft, das Monster sichtbar werden zu lassen und somit in den Blick des Zuschauers zu rücken. Eine möglichst realistische Darbietung der Gewalt und des Monsters macht das Entsetzen aus.[57] Die Authentizität, die durch die Splattereffekte entsteht, ist eine der wichtigsten Eigenschaften des modernen Horrorfilms. Der Verzicht auf Mechanismen des illusionistischen Erzählens

---

[50] Vgl. Tudor: Monsters and Mad Scientists, S. 49.
[51] In den beiden genannten Filmen ist die Gewalt noch indirekt: Während des berühmten Duschmordes in PSYCHO sieht man die Wunden des Opfers kein einziges Mal. Auch in PEEPING TOM liegt der Schockeffekt nicht im Zeigen der Wunden, sondern im Zeigen der Qualen der Opfer, die während des Tötens vom Killer gefilmt werden.
[52] Vgl. zum Thema etwa Neale: Genre, sowie Noël Carroll: The Philosophy of Horror –Or, Paradoxes of the Heart. New York 1990. Das Problem bei Carrolls Analyse ist allerdings, dass er den Horrorfilm weitestgehend homogenisiert – so erklärt er etwa in seiner Theorie den Slasher- und Splatterfilm zum Grenzfall oder Randphänomen des Horrorfilms, indem er nur einen Affekt – „art horror" - zum substantiellen Bestimmungsgrund des Genres erhebt. Vgl. Carroll: The Philosophy of Horror, S. 24f.
[53] Pinedo: Postmodern Elements of the Contemporary Horror Film, S. 92.
[54] Der Begriff Gore bedeutet dem eigentlichen Wortsinn nach Blut bzw. als Verb ‚aufspießen' oder ‚durchbohren'. Im Film steht er für die affektorientierte Darstellung des verletzten Körpers, vor allem des Körperinneren.
[55] Siegfried Krakauer: Das Grauen im Film. In: Ders.: Kino. Essays, Studien, Glossen zum Film. Herausgegeben von Karsten Witte. Frankfurt am Main 1974, S. 25-27, S. 26.
[56] Meteling: Monster, S. 62.
[57] Dieses realistische Entsetzen wird allerdings wieder abgemildert durch die Sichtbarmachung des Filmischen, beispielsweise durch Montage und Kulissen. Nur so kann der Zuschauer den Film genießen und sein Entsetzen verwandelt sich in den erhabenen Genuss der Angst, der charakteristisch für den Horrorfilm ist. Vgl. ebd.

20

führt zu einem „hyperreale[n] Distanzverlust" und der Schockeffekt greift auf einer völlig anderen Ebene als beim klassischen Horrorfilm.[58]

Im modernen Horrorfilm wird folglich kein unheimliches Gefühl oder Schauder mehr erzeugt, sondern Schock – die Protagonisten finden sich häufig in Situationen extremen Terrors wieder, in denen es nur darum geht, zu überleben.[59] Die Zerstückelung des menschlichen Körpers und die genaue Schilderung des körperlichen Schmerzes sind die Elemente dieses Schocks, die eine Fixierung des Horrorfilms auf das Sichtbare ausmachen. Blutige Gewaltphantasien im Sinne des französischen Grand Guignol[60] gibt es seit den 60er Jahren immer häufiger und stärker ausgeprägt. Dadurch wird der Versuch unternommen, dem schnell an mehr graphische Gewaltdarstellungen gewöhnten Publikum immer wieder etwas neues zu bieten und den Schockeffekt aufrecht zu erhalten. Ein Resultat dieser immer extremer werdenden visuellen und narrativen Brutalität ist die Verbindung von Sexualität und Tod und die sexualisierte Gewalt in Form von erotisch inszenierten Morden, die kaum noch aus dem modernen Horrorfilm wegzudenken sind.[61]

Hinzu kommt meist eine extreme Reduzierung der handelnden Personen, des Settings und der Narration, aber auch der ‚qualitativen' Merkmale wie der Entwicklung der Charaktere. Dies macht es für das Publikum schwieriger, sich mit den Protagonisten zu identifizieren.[62] Die Gewalt kommt nicht mehr von weit entfernten unbekannten Orten, sondern sie bildet einen Teil des täglichen Lebens im modernen Horrorfilm: „the entire

[58] Vgl. Stefan Höltgen: Take a Closer Look. In: Julia Köhne/Ralph Kuschke/Arno Meteling (Hg.): SplatterMovies-Essays zum modernen Horrorfilm, Berlin 2005, S. 20-29, S. 25.

[59] Dieser gemeinsame Nenner durchzieht die unterschiedlichsten Filme und Subgenres, so zum Beispiel Hoopers THE TEXAS CHAINSAW MASSACRE, Cravens THE HILLS HAVE EYES, George A. Romeros DAWN OF THE DEAD bis hin zu Meir Zarchis I SPIT ON YOUR GRAVE.

[60] Das Théâtre du Grand Guignol wurde im Jahre 1897 in Paris eröffnet. Die Stücke unterschieden sich von denen anderer Theater darin, dass sie eine Art Politsatire mit Exploitation-Elementen wie blutigen Morden, Verstümmelungen, Folter und anderen Grausamkeiten mischten. Der Begriff des ‚Grand Guignol' ist im heutigen Sprachgebrauch zu einem Synonym für jedwede Form der exploitativen und sensationslüsternen Darstellung von blutiger Gewalt geworden. Vgl. etwa S. Maerz: Grand Guignol. Ein Essay über Frankreichs blutiges Theater. In: Thomas Gaschler/Eckhard Vollmer (Hg.): Dark Stars – 10 Regisseure im Gespräch. München 1992, S. 214-227 oder Karin Kersten/Caroline Neubaur: Grand Guignol – Das Vergnügen, tausend Tode zu sterben. Frankreichs blutiges Theater. Berlin 1976.

[61] Vgl. C. Karola: Italian Cinema Goes to the Drive-In: The Intercultural Horrors of Mario Bava. In: Gary D. Rhodes (Hg.): Horror at the Drive-In - Essays in Popular Americana. Jefferson, North Carolina 2003, S. 211-236, S. 214.

[62] Hierauf wird in Kapitel 4.2.4: Jugend und Autorität noch einmal näher eingegangen.

genre is an unsystematic, unresolved exploration of violence in virtually all its forms and guises."[63]

3.3.2 Body-Horror und Body-Count

Der Splatterfilm ist also eine Form des Horrorfilms, die sich von den eher abstrakten Inszenierungen des Körpers im klassischen Horrorfilm deutlich abgrenzt und die Materialität und die Verletzbarkeit des Körpers in den Mittelpunkt rückt[64] - der Körper wird auf die Zerstückelung seines Fleisches reduziert. Durch die Wundästhetik und das Zeigen der Gewalt wird der menschliche Körper möglichst ‚real' arrangiert: „In splatter movies, mutilation is indeed the message."[65] Diese Form des ‚Body-Horror' als „Visualisierung des aufgebrochenen Körpers" bietet eine „Ästhetik der Verrohung", die charakteristisch für den modernen Horrorfilm und speziell für den Splatterfilm wird.[66] Es geht nicht mehr so sehr um die allgemeine Angst vor dem Tod oder wie im klassischen Horrorfilm um die Angst vor dem Ungewissen, dem Dunklen oder vor übernatürlichen Wesen, sondern ganz konkret um die Angst vor der physischen Zerstörung des eigenen Körpers, der in seiner Unversehrtheit angegriffen und bedroht wird. „Splatter movies [...] aim not to scare their audiences, necessarily, nor to drive them to the edges of their seats in suspense, but to *mortify* them with scenes of explicit gore."[67] Die Spannung im Film wird durch das Wissen um den nächsten Gewaltakt aufgebaut, der ganz sicher kommen wird, manchmal durch filmische Mittel wie Sound oder Schnitt angekündigt, manchmal aber auch völlig ohne Vorwarnung. So gerät der Splatterfilm auch schnell unter den Druck einer Überbietungslogik, durch die jeder folgende Film nicht nur mehr Gewalt, sondern auch neue Arten von Gewalt zeigen muss als sein Vorgänger, um den Schockeffekt und den Tabubruch aufrecht zu erhalten. Auf diese Weise werden die Grenzen des Zeigbaren stetig erweitert. Begriffe wie ‚Body-Count'[68] und ‚Creative Deaths'[69] verdeutlichen diese Tendenz zur Steigerung

---

[63] Gregory A. Waller: „Introduction". In: Ders. (Hg.): American Horrors. Essays on the Modern American Horror Film. Chicago 1987, S. 4-12, S. 4.

[64] Die klassischen Monster wie Vampire, Werwölfe oder Frankensteins Monster haben die Geschlossenheit des einzelnen Körpers in Frage gestellt. Im Gegensatz dazu zeigt der Splatterfilm einen bizarren, bis zur völligen Auflösung deformierten und entgrenzten Körper, der in seiner Fragmentierung für sich selbst steht. Vgl. Julia Köhne et al.: Einleitung. In: Dies. (Hg.): Splatter Movies, S. 12.

[65] John McCarty: Splatter Movies – Breaking the Last Taboo of the Screen. Bromley, Kent 1984, S. 8.

[66] Manuela Nikele: Horrorfilm als kultisches Phänomen der Gegenwart. Alfeld 1996, S. 17.

[67] McCarty: Splatter Movies, S. 1.

[68] Der Begriff des Body-Count stammt eigentlich aus dem Kriegsvokabular und bezeichnet die Anzahl der getöteten Feinde. Vor allem im Vietnam-Krieg versuchte die US-Regierung ihre Soldaten und Bürger

22

und Intensivierung der Gewaltdarstellungen und Todesszenen, die immer mehr zum Selbstzweck geraten. Auf die Rezeptionsweise der Filme wirkt sich diese Überbietungstaktik so aus, dass sie quantitativ aus dem Abzählen der Morde besteht, qualitativ aus der Beurteilung der Glaubhaftigkeit und der Machart der Szenen.[70]

3.3.3 Der Splatterfilm der 60er und 70er Jahre

Mit seinem Film BLOOD FEAST[71] von 1963 ist Herschell Gordon Lewis der erste, der die Splatterästhetik konsequent anwendet.[72] Der Plot des Films ist kaum nennenswert,[73] die Menge an Blut, Hirn und Eingeweiden, die aus den zerstörten Körpern strömt, dafür umso größer. Der Film zeigt mehr, als er erzählt und rückt somit Zeige-Handlungen in den Vordergrund, er verweist also auf den „Akt des filmischen Präsentierens" selbst.[74] „In Nahaufnahmen [...] offenbart uns Lewis, wie einer Frau die Zunge oder einer anderen das Gehirn herausgerissen wird und wiederum andere Fleisch- und Blut-Puppen reihenweise auf alle möglichen Weisen zerhackt und zerrissen werden."[75] Auf der Leinwand erscheinen Bilder fragmentierter und auf bizarre Weise invertierter Körper, die „zuvor allenfalls imaginär während der Lektüre der gewaltsamsten Stellen in Gothic Novels und Horrorerzählungen in den Köpfen der Leser entstanden sind".[76] Stefan Höltgen bestimmt den Distanzverlust als konstitutives Strukturelement des modernen

mit Body-Count-Statistiken von dem Erfolg der Mission zu überzeugen. Auf den Horrorfilm wurde der Begriff sehr wahrscheinlich durch den Kinotrailer für Cunninghams FRIDAY THE 13TH übertragen, der kurze Einblendungen aller 13 Morde des Films sowie eine Strichliste für die Morde zeigte. Vgl. Rick Worland: The Horror Film – An Introduction. Malden, Massachusetts/Oxford 2007, S. 231.
[69] Das Konzept der Creative Deaths bildet vor allem in den 80er Jahren das Grundkonzept des Splatter- und Slasherfilms. Es stellt die Frage, wie man auf möglichst einfallsreiche und unterschiedliche Arten Körper misshandeln und zerstückeln kann.
[70] Vgl. hierzu ausführlicher: Arno Meteling: Monster, S. 102.
[71] Eine kompakte Analyse der Motive und Neuerungen in BLOOD FEAST liefert Patrick Vonderau „In the hands of a maniac." Der moderne Horrorfilm als kommunikatives Handlungsspiel. In: Montage/A V. Zeitschrift für Theorie und Geschichte audiovisueller Kommunikation, Jg. 11, Nr. 2, 2002, S. 129-146, ab S. 135.
[72] Bereits ein Jahr später, im Jahr 1964, verwendet Bava in SEI DONNE PER L'ASSASSINO ähnliche Elemente. Es kann davon ausgegangen werden, dass der italienische Filmemacher zunächst den US-Stil übernahm, bevor er ihn später weiterentwickelte zu einem typisch italienischen Mix aus Splatterästhetik und Detektivgeschichte – dem Giallo.
[73] Es geht um einen Mörder, der die altägyptische Göttin Ischtar wieder zum Leben erwecken will – hierzu tötet er junge Frauen, denen er die Gliedmaßen abtrennt und sich so seine Göttin aus verschiedenen Leichenteilen zusammensetzt. Der Film wurde mit einem Budget von knapp 25.000 US-Dollar gedreht und mit dem reißerischen Slogan ‚Nothing so appaling in the annals of horror!' beworben. Mittlerweile zum Kultfilm avanciert, wurde BLOOD FEAST in Deutschland im Jahr 2004 (!) aufgrund der detaillierten Gewaltdarstellungen indiziert und beschlagnahmt.
[74] Hans Jürgen Wulff: Darstellen und Mitteilen. Elemente einer Pragmasemiotik des Films. Tübingen 1999, S. 59.
[75] John McCarty: Splatter Movies, S. 24.
[76] Köhne et al.: Einleitung, S. 12.

23

Horrorfilms: durch *Close-ups* und *detail shots* wird der Blick des Betrachters der Wunde des Opfers durch Montage und Zoom angenähert.[77] Der Horrorfilm ist „ein Genre der Nähe. Nah- und Halbnahaufnahmen dominieren, Totalen finden sich eher selten und dann meist nur in sehr spezifischer Form."[78] Das Gezeigte wird durch den optischen Distanzverlust realitätsgetreu abgebildet und wirkt gleichzeitig abstoßend.

In dieser Tradition folgen in den 60er und 70er Jahren Filmemacher wie Wes Craven, Tobe Hooper, George A. Romero, John Carpenter und David Cronenberg, für die die Splatterästhetik und die Repräsentation expliziter Gewalt zum Modus wird, auf die strukturelle und kulturelle Gewalt in den USA zu reagieren und sich auf künstlerisch-ästhetische Weise damit auseinanderzusetzen.[79] So kann man das Aufkommen und den Erfolg des Splatterfilms auch als kritische Reaktion auf gesellschaftliche Bewegungen wie etwa die sexuelle Revolution und die Emanzipationsbewegung der Frauen oder als Spiegel der vorgelebten Gewalt in der Umwelt wie etwa dem Vietnam-Krieg sehen.[80] Der Splatterfilm unterlässt die Psychologisierung von Opfern und Täter größtenteils und verlegt den Fokus auf den zeigbaren Teil des menschlichen Körpers. „Die Bilder sind, was sie sind: Momentaufnahmen der Auflösung in ihrer extremsten physischen Form."[81] Mit der neuen Wundästhetik treten auch neue Figuren und Monster in die Geschichte des Horrorfilms ein, allen voran Zombies und Kannibalen, die das Fleisch der Lebenden verspeisen[82] und die Slasher, psychopathische Serienkiller, die ihre Opfer mit spitzen Haushaltsgegenständen wie Messer oder Scheren ermorden.

Die Motivik des modernen Horrorfilms lässt sich insofern zusammenfassen, dass in ihrem Mittelpunkt der entstellte und geöffnete menschliche Körper steht, der auf die Tradition des Monsters ähnlich dem des Grand-Guignol-Theaters oder sogenannter Freakshows zurückgeht.[83] Es geht also um das Zelebrieren von Auflösung und Destruktion des Körpers. Diese extreme Körperlichkeit spiegelt sich in den Begrifflichkeiten des modernen Horrorfilms wie ‚Splatter', ‚Gore' und ‚Blood and

---

[77] Stefan Höltgen: Take a Closer Look, S. 22.
[78] Norbert Stresau: Der Horror-Film, S. 24.
[79] Arno Meteling: Monster, S. 73.
[80] Vgl. ebd.
[81] Norbert Stresau: Der Horror-Film, S. 127.
[82] George A. Romero schrieb mit NIGHT OF THE LIVING DEAD (1968) und den nachfolgenden Zombie-Filmen Filmgeschichte. Durch seine subtile Kritik an der US-Politik mit den Anspielungen auf den herrschenden Rassismus und den Vietnam-Krieg traf er den Nerv der Zeit. Mehr siehe beispielsweise Steve Beard: No particular place to go. In: Sight and Sound, Ausg. 3 Nr. 4, April 1993, S. 30f.
[83] Vgl. Arno Meteling: Monster, S. 10.

Guts' wider.[84] Die Splattereffekte bestimmen den modernen Horrorfilm und betonen seinen einzigartigen visuellen Zugang zum Genre; alles dreht sich – mit „dem Blick eines Metzgers oder Kannibalen"[85] – um das Sichtbarmachen der Destruktion des Körpers. Begründungen für die grauenvollen Taten werden nicht geliefert oder sind wenig plausibel, denn das eigentliche Thema ist nicht die Ursache, sondern die Ausprägung und die Form der Gewalt. Oft als gedankenlose Ausschweifungen der Brutalität disqualifiziert, rücken Splatterfilme eine traumatisierte Körperlichkeit in den Fokus und sind „in erster Linie Dokumente über das Unbehagen am eigenen Körper, weniger Ausdruck von Aggressionen als vielmehr von Traumen. [...] Es sind die *Opfer*, um die es sich in diesen Filmen dreht."[86]

4. Der Slasherfilm

4.1 Der Slasherfilm als Subgenre

„At the bottom of the horror heap lies the slasher (or splatter or shocker or stalker) film."[87]

Um den Slasherfilm als eigenes Subgenre des modernen Horrorfilms zu positionieren, bedarf es zunächst einer kurzen Definition sowie einer Abgrenzung gegenüber dem Splatterfilm. Der Begriff 'Splatter' bezieht sich auf die Beschäftigung eines Films mit blutigen Spezialeffekten und betont die visuelle Herangehensweise. Bei der Bezeichnung 'Slasher' liegt die Betonung nicht auf den Effekten des Films, sondern auf dem bösen Hauptprotagonisten, dem psychisch gestörten Mörder, der seine Opfer meist mit Messern oder anderen spitzen Gegenständen tötet (*to slash* = schlitzen). Der „Blick des Chirurgen" ersetzt somit den Blick des Kannibalen oder Metzgers.[88] Trotzdem fallen Slasher- und Splatterelemente oft zusammen bzw. werden in vielen Filmen zusammen verwendet (beispielsweise in Wes Cravens NIGHTMARE ON ELM STREET-Reihe), so dass sie selten klar zu trennen sind. Dem Splatter- und dem Slasherfilm gemeinsam sind zum Beispiel die Abkehr vom Phantastischen und Übernatürlichen und somit die Hinwendung zum menschlichen Killer, der auf grausame Weise mordet. Die

---

[84] Vgl. Ursula Vossen (Hg.): Filmgenres – Horrorfilm. Stuttgart 2004, S. 11.
[85] Georg Seeßlen/Fernand Jung: Horror – Geschichte und Mythologie des Horrorfilms. Marburg 2006, S. 800.
[86] Harald Harzheim: Das Gute durch das Böse beweisen. Der geschundene Körper im Splatter-Movie. In: Nachtblende Nr. 2, 1997. S. 12-19, S. 13.
[87] Carol J. Clover: Men, Women and Chain Saws - Gender in Modern Horror Film. Princeton, New Jersey 1992, S. 21.
[88] Vgl. Seeßlen/Jung: Horror, S. 800.

Motivation dieser Morde, die Begründung und Ursache der Gewalt, werden hierbei kaum erklärt–die Darstellung des Killers wird in der Regel ebenfalls nur auf wenige fetischhafte Kennzeichen wie Messer und die Maske begrenzt.[89]

Eine klare und eindeutige Definition des Slasherfilms ist problematisch. In der Literatur gibt es mehrere Vorschläge, die allerdings fast ausnahmslos zu kategorisch und speziell sind, um die Bandbreite an Slasherfilmen abzudecken. Durch die kompromisslose Aufstellung einer bestimmten Formel, nach der ein Slasherfilm aufgebaut sein muss, um als solcher zu gelten, werden viele Filme, die beispielsweise eine der Kategorien nicht erfüllen, aus dem Genrekanon eliminiert–während andere Filme, die letztlich nicht zu dem spezifizierten Genre gehören, mit eingeschlossen werden. Eine sehr generelle Formel bietet beispielsweise Carol Clover, die den Slasherfilm definiert als „story of a psycho killer who slashes to death a string of mostly female victims, one by one, until he is subdued or killed, usually by the one girl who has survived."[90] Vera Dika hingegen stellt eine sehr genaue und detaillierte Schematisierung für Slasherfilme auf, die aus 17 Abschnitten besteht und in ‚Past Event' und ‚Present Event' aufgeteilt ist.[91] Diese Formel ist als allgemeine Slasherformel sehr problematisch, da sie in ihrer Ganzheit nur auf zwei Filme, nämlich HALLOWEEN und FRIDAY THE 13TH, angewendet werden kann.[92] Andere Schemata betonen als Kennzeichen des Slasherfilms etwa den Gebrauch von Messern und Klingen als Mordwaffe,[93] oder die übermäßig sexuellen Attribute der ausnahmslos weiblichen Opfer. Hierbei wird allerdings nicht berücksichtigt, dass es in vielen Slasherfilmen eine etwa gleich große Anzahl an weiblichen und männlichen Opfern gibt, die auf viele verschiedene Arten umgebracht werden (‚Creative Deaths'). Auch Pinedo lehnt sich mit ihrer Analyse des Slasherplots an die Diskussionen von Dika und Clover an:

---

[89] Vgl. ebd.

[90] Clover: Men, Women and Chain Saws, S. 21.

[91] Dika: Games of Terror, S. 136. Nach Dikas Schema beginnt ein Slasherfilm mit einem Ereignis in der Vergangenheit, in der der Killer ein Trauma aufgrund einer schlimmen Erfahrung erleidet und daraufhin eines der Mitglieder der ‚young community' tötet. In der Gegenwart schließlich passiert etwas, das den Killer an sein Trauma erinnert und der verfolgt und tötet erneut mehrere Mitglieder der jungen Generation. Es gibt eine Heldin, die den Zusammenhang der Morde erkennt, den Killer sieht, ihn angreift und schließlich überwältigt. Die Heldin überlebt, ist aber nicht frei.

[92] Da diese beiden Filme der Hauptuntersuchungsgegenstand von Dikas Werk sind, ist diese Formelbildung zwar nachzuvollziehen, aber keinesfalls zu verallgemeinern. Selbst in ihrer eigenen Analyse kann das Schema nicht konsequent angewendet werden, da Dika außer HALLOWEEN und FRIDAY THE 13TH auch andere Slasherfilme wie PROM NIGHT oder TERROR TRAIN untersucht, die beide nicht mit einem Ereignis in der Vergangenheit beginnen und auch sonst nicht vollständig in das Schema eingepasst werden können. Streng genommen passt nicht einmal FRIDAY THE 13TH in das Schema, da das Trauma des Killers (der Tod Jasons) nicht chronologisch zu Beginn des Films passiert, sondern in einer Rückblende erzählt wird.

[93] Vgl. hierzu etwa Darryl Jones: Horror– A Thematic History in Fiction and Film. London 2002, S. 114.

A masked or hidden (largely off-screen) psychotic male propelled by psychosexual fury stalks and kills a sizeable number of young women and men with a high level of violence. The killer's rage derives from a traumatic childhood experience [...]. The killer returns to the scene of the past event to reenact the violence. Although both women and men are killed, the stalking and killing of women is stressed. After a protracted struggle, a resourceful female usually subdues the killer, sometimes kills him, and survives [...].[94]

Obwohl der Slasherfilm – zusammen mit dem Western – sicher zu einem der formelhaftesten (Sub-)Genres gehört, ist es nahezu unmöglich, alle Filme des Slashergenres mit einer einzigen Formel zu definieren, die durch mehrere festgelegte Bedingungen ausgemacht wird. Daher ist es sinnvoller, in Bezug auf den Slasherfilm zwar seine bestimmenden Charakteristika zu identifizieren, aber kein starres Schema festzulegen.

Ein prototypischer Slasherfilm enthält folgende Elemente:

Zu Beginn des Films geschieht meist ein einführender Mord oder ein Ereignis, das zukünftige Morde heraufbeschwört

Die Morde werden visualisiert und betont

Der Killer ist menschlich oder zumindest menschenähnlich

Die Charaktere des Films werden nach und nach umgebracht

Es gibt ein Thema, das die Morde verbindet

Das Ende ist meist offen[95]

Diese Elemente können variiert und mit anderen kombiniert werden und sagen lediglich etwas über die Struktur und den Aufbau des Slasherfilms aus, legen ihn jedoch nicht auf einen starren Plot fest. Dadurch werden die Flexibilität und die für jedes Genre notwendige Möglichkeit zur Variation erhalten.

---

[94] Isabel Cristina Pinedo: Recreational Terror – Women and the Pleasures of Horror Film Viewing. New York 1997, S. 72.
[95] Vgl. Kent Byron Armstrong: Slasher Films – An International Filmography, 1960 Through 2001. Jefferson, North Carolina 2003, S. 1.

4.2 Motive des Slasherfilms

4.2.1 Eröffnungssequenz und Setting

Die meisten Slasherfilme machen von Beginn an deutlich, dass sie Slasherfilme sind: entweder durch ihren Titel (wie THE TEXAS CHAINSAW MASSACRE, TERROR TRAIN, MY BLOODY VALENTINE, SLAUGHTER HIGH etc.) oder durch die Eröffnungssequenz, die oftmals einen ersten Mord zeigt, wie zum Beispiel in HALLOWEEN, der mit Michaels Mord an seiner Schwester beginnt. Bereits in der ersten Einstellung des Films sieht man durch die subjektive Kamera mit den Augen eines Unbekannten, von dem lediglich Atemgeräusche zu hören sind. Bereits hier weiß der Zuschauer, dass etwas Schreckliches passieren wird und er einen Slasherfilm sieht. Auch den Mord selbst dreht Carpenter mit subjektiver Kamera, so dass das Publikum den Mord aus Michaels Perspektive –dessen Sichtfeld durch eine Maske begrenzt ist– beobachtet. Erst als die Eltern ihm die Halloween-Maske vom Gesicht nehmen, sieht der Zuschauer Michael zum ersten Mal und ist überrascht, einen kleinen Jungen anstatt eines erwachsenen Mannes zu erblicken. Manchmal wird ein Film auch durch eine Szene eingeleitet, die die folgenden Morde erklärt und rechtfertigt – beispielsweise als Racheakt wie in PROM NIGHT.

Das Slasher-Genre entwickelt die Neuerung des modernen Horrorgenres – den Horror aus dem Inneren heraus entstehen zu lassen –noch weiter, indem es ihn dort platziert, wo er am wenigsten erwartet wird: in einem Mittelklasse-Vorort wie in HALLOWEEN oder einem Sommercamp für Jugendliche wie in FRIDAY THE 13TH. Das alltägliche Leben wird von einem menschlichen Monster unterbrochen, das in als sicher geltende Umgebungen wie das Ländliche oder den behüteten Vorort einbricht, die klar abgegrenzt von und in Opposition zur Stadt stehen, welcher der Ruf der Korruption und Verdorbenheit beiwohnt.[96] So wird die vermeintliche Sicherheit und ‚Unschuld' des ruralen Lebens zerstört und als Utopie aufgedeckt.

Im Gegensatz zum klassischen Horrorfilm und zum Gothic Horror in der Literatur, die durch unheimliche Schauplätze wie alte Spukschlösser oder verwunschene Häuser (‚haunted houses') Angst erzeugten, legt der Slasherfilm vergleichsweise wenig Wert auf das Setting. Der Fokus liegt hier nicht auf der Umgebung, sondern auf dem Inhalt

---

[96] Vgl. Pinedo: Recreational Terror, S. 113.

des Films: den Morden, dem Mörder und den Opfern.[97] Die Angst und der Schrecken im Slasherfilm beruhen auf den Taten des Killers, dem Beobachten, Verfolgen und Töten der Opfer. Ist der Mörder in der Nähe einer der Charaktere und somit eines potenziellen Opfers, wird der Schauplatz furchterregend, egal ob belebt oder unbelebt, hell oder dunkel, offen oder eng begrenzt.[98]

4.2.2 Kamera und Blick

Die Erzeugung von Spannung und Angst im Slasherfilm wird durch die Kameraführung erheblich unterstützt. Es gibt beispielsweise kaum klärende ,establishing shots', sondern immer nur Ausschnitte des Raumes und der Umgebung. Hierdurch entsteht die Spannung, nie zu wissen, ob der Killer nicht ganz in der Nähe ist, da er immer unvermittelt und von außerhalb in den Kader des Filmbildes einfällt – „das Einfallstor für den kinematografischen Schrecken" wird offen gehalten.[99]

Eines der wichtigsten Stilmittel im Slasherfilm ist die Anwendung der subjektiven Kamera bzw. des Point of View-Shots (POV-Shot). Von einem rein funktionalen Standpunkt gesehen, ist ein solches Stilmittel hervorragend dazu geeignet, das Gesicht des Killers zu verbergen, ohne ihn jedoch in seiner Handlungsfähigkeit einzuschränken, bzw. ohne den Blick auf den Killer einzuschränken. Der POV-Shot kommt meistens dann zum Einsatz, wenn die Kamera den Blick des Killers einnimmt und der Zuschauer somit zwangsläufig ebenfalls dessen optischen Standpunkt innehat. Das Resultat wird oft noch durch die Verwendung von Effekten wie den Atemgeräuschen des Killers, verwackelten bzw. unscharfen Bildern oder auch den Blick durch eine Maske hindurch verstärkt. In der Literatur und Filmkritik wird häufig ein Zusammenhang zwischen der subjektiven Kamera und der Zuschaueridentifikation mit dem Killer des Films hergestellt und kontrovers diskutiert. US-Filmkritiker wie beispielsweise Roger Ebert

[97] Vgl. Armstrong: Slasher Films, S. 2.
[98] In HALLOWEEN sitzt Laurie morgens in ihrer Schulklasse und nimmt am Unterricht teil. Um sie herum sind viele Leute, es ist hell und auch die Lehrerin ist anwesend – eine Situation also, die in keinster Weise unheimlich scheint. Dennoch wirkt die Umgebung bedrohlich, als Michael plötzlich vor dem Fenster auftaucht und Laurie ihn sieht. Das bedeutet, dass im Slasherfilm die Umgebung schon allein aufgrund der Anwesenheit des Killers zu einem unheimlichen Setting wird. Auch ob die Umgebung offen oder sehr eng begrenzt ist, spielt im Prinzip keine Rolle, da der Killer seine Opfer findet, egal wo sie sich befinden. In HALLOWEEN beispielsweise schafft es Laurie, aus dem Haus heraus auf die offene Straße zu rennen, wo sie sich die Hilfe der Nachbarn erhofft. Doch sie wird von niemandem gehört und findet so draußen in der offenen Umgebung genauso wenig Schutz vor Michael wie in der Enge ihres Kleiderschrankes.
[99] Arno Meteling: Vorbemerkung zu Medien und Ästhetik. In: Julia Köhne et al. (Hg.): Splatter Movies, S. 17-20, S. 19.

oder Janet Maslin verurteilen den Einsatz der subjektiven Kamera als die ultimative Degeneration von menschlichen und kulturellen Wertvorstellungen, weil sie den Zuschauer dazu brächte, sich eher mit dem Mörder als mit den Opfern zu identifizieren.[100] Auch Vera Dika orientiert sich am Blick des Killers, der zum verlängerten Blick des Zuschauers werden kann, wenn der Killer selbst nicht von außen, das heißt von einer ‚neutralen‘ Kamera, betrachtet wird. Sie wendet Mulveys Theorie des männlichen Blicks[101] auf den Slasherfilm an und kommt zu dem Schluss, dass die subjektive Kamera des Killers dem Zuschauer das weibliche Opfer als Objekt seines Blicks vermittelt: „In the stalker film, the female victims are first subject to the spectator's gaze, one that is often mediated by the killer's domineering point-of-view shot, and then systematically investigated."[102] Clover hingegen rückt von dieser Betrachtungsweise ab, indem sie den Rezipienten (insbesondere den als Hauptzielgruppe der Slasherfilme geltenden männlichen, jugendlichen Zuschauern) nicht etwa eine sadistische Identifikation mit dem Killer zuschreibt. Vielmehr stellt sich das Publikum nach Clover – trotz der subjektiven Kameraperspektive des Mörders – auf die Seite des Final Girls, welches das Monster durch seine Unschuld, seine Andersartigkeit und seinen Pragmatismus am Ende zu besiegen vermag. Folgerichtig nehmen im Laufe des Films die POV-Shots des Mörders ab und die subjektiven Kameraeinstellungen des Final Girls zu. Das bedeutet, dass der Zuschauer den Mörder und das Geschehen häufig durch die Augen des Final Girls sieht – dies steigert die Verbundenheit und bietet eine Möglichkeit zur Identifikation.

---

[100]Vgl. Roger Ebert: Why Audiences Aren't Safe Anymore. In: American Film, März 1981, S. 54-56 und Janet Maslin: Bloodbaths Debase Movies and Audiences. In: New York Times, 21. November 1982, S. 13.
[101]Vgl. Laura Mulvey: Visual Pleasure and Narrative Cinema. In: Screen Ausg. 16 Nr. 3, Herbst 1975, S. 6-18. Auf die feministisch geprägte Filmtheorie über den männlichen Blick, Gender und Psychoanalyse soll an dieser Stelle nicht näher eingegangen werden, da es in dieser Arbeit in erster Linie um das Produkt und seine Inhalte, also den Film und seine Motive geht. Zur Vertiefung des Themas siehe beispielsweise Elisabeth Bronfen: Nur über ihre Leiche. Tod, Weiblichkeit und Ästhetik. München 1994. Oder Barbara Creed: The Monstrous-Feminine: Film, Feminism, Psychoanalysis. London/New York 1993. Auch das Verhältnis des Zuschauers zum Film inklusive der Analyse der voyeuristischen Komponente des Kinos bleiben aus genannten Gründen außen vor. Einen guten Einblick in die Materie bieten Dika: Games of Terror und Clover: Men, Women, and Chainsaws.
[102]Dika: Games of Terror, S. 21.

4.2.3 Final Girl

Der Begriff des Final Girls wurde erstmals von Carol Clover in ihrem Essay „Her Body, Himself" geprägt[103] und bezeichnet die Hauptdarstellerin im Slasherfilm, die letzte Überlebende, die vom Killer verfolgt, gejagt und verletzt wird, die schreit, wegrennt und sich versteckt, sich dem Killer stellen muss und ihm am Ende meist entkommt.

Das Final Girl wird meist schon von Beginn des Films an als Hauptcharakter eingeführt und hebt sich durch ihre relativ detaillierte Charakterzeichnung von den anderen Personen ab. Sie ist anders als ihre Freunde und wird meist als eine Art liebenswerte Außenseiterin porträtiert (Laurie in HALLOWEEN unterscheidet sich von ihren Freundinnen zum Beispiel darin, dass sie intelligent und gut in der Schule ist, sich nicht für Partys interessiert, Verantwortungsbewusstsein zeigt, sich weniger aufreizend kleidet etc.). Ein weiteres Unterscheidungskriterium, das oft fast schon klischeehaft porträtiert wird, ist die sexuelle Aktivität des Final Girls. Während die anderen Charaktere häufig und wilden Sex haben und meist auch an nichts anderes zu denken scheinen, ist das Final Girl sexuell zurückhaltend, oft sogar noch unerfahren und somit ‚unschuldig'. Dafür ist sie empfänglicher für Anzeichen der Gefahr. Sie sieht den Mörder in der Regel vor den anderen und kann ihm deshalb ausweichen und solange überleben, bis sie gerettet wird oder aber den Mörder selbst umbringt.[104]

Clover schreibt dem Final Girl auch eine besondere Rolle bezüglich ihres Geschlechts zu: „The Final Girl is boyish, in a word. Just as the killer is not fully masculine, she is not fully feminine [...]."[105] Ihre maskulinen Attribute wie die Ernsthaftigkeit, ihr Mut und manchmal sogar ihr Name (Stevie, Terry, Laurie, Stretch, Max etc.) heben sie noch mehr von ihren Freundinnen ab und rücken sie in die Nähe nicht nur des klassischen Helden und der Jungen in ihrem Umfeld, mit denen sie meist nichts anfangen kann, sondern auch in die Nähe des Killers, wie Carpenter selbst sagt: „The one girl who is the most sexually uptight just keeps stabbing this guy [den Mörder, Anm. d. Verf.] with a long knife. She's the most sexually frustrated. [...] She and the killer have a certain

---

[103] Carol J. Clover: Her Body, Himself - Gender in the Slasher Film. Zunächst veröffentlicht in: Representations, Nr. 20, 1987, S. 187-228. Für diese Arbeit wird allerdings der überarbeitete Nachdruck in Clovers Werk ‚Men, Women, and ChainSaws' verwendet.
[104] Vgl. Dika: Games of Terror, S. 55.
[105] Clover: Men, Women, and ChainSaws, S. 40.

link: sexual repression."[106] Ein weiteres maskulines Merkmal des Final Girls ist ihr "activeinvestigatinggaze",[107] ihr Blick, mit dem sie mehr sieht als die anderen und der normalerweise dem männlichen Part des Films, sprich dem Killer, vorbehalten ist. In dieser Position wird sie zur Identifikationsfigur für das Publikum: „[The Final Girl′s] perspectiveapproachesourownprivilegedunderstandingofthesituation."[108] Zunächst zögerlich, später dann aktiv hält sie nach dem Mörder Ausschau; sie sieht ihn direkt an und bringt ihn damit häufig auch erstmals direkt in das Sichtfeld des Zuschauers. Durch die Aneignung des Blicks erlangt sie Kontrolle – „her triumph *depends* on her assumption of the gaze"[109]- und kann den Mörder schließlich überwältigen oder ihm zumindest entkommen.

Das Konzept des Final Girls hat sich im Slasherfilm über lange Zeit bewährt. Dabei ist eine interessante Entwicklung vom frühen, passiven zum späteren, aktiven Final Girl auszumachen. In THE TEXAS CHAINSAW MASSACRE beispielsweise ist die Figur von Sally, die zwar als einzige von fünf Jugendlichen überlebt und die die zweite Hälfte des Films alleine mit Leatherface und seiner Familie bestreitet, trotzdem kaum gezeichnet – ihr fehlt es an Charakterentwicklung sowie an maskulinen Attributen wie Mut, Stärke usw. Stattdessen strahlt sie pure Hysterie aus und zeigt Anzeichen von Wahnsinn,[110] indem sie fast eine halbe Stunde ununterbrochen schreit: „Sally is ultimately the true focal point of unreason in the film [...] Sally′s screams overwhelm the film; they do not abate as the film ends; the Dionysianism is not expelled."[111] Sie bleibt passiv in ihrer Opferrolle und versucht nicht, ihre Peiniger anzugreifen. Auch das abrupte Ende von Sallys Tortur ist fast genauso abwitzig und zufällig wie ihr Anfang: Während ihrer Flucht vor Leatherface wird sie von einem Autofahrer gerettet, der sie auf seinen Pickup klettern lässt, aber ihr hysterisches Schreien lässt offen, ob sich alles zum Guten wendet. In HALLOWEEN hingegen läuft Laurie in der letzten Sequenz des Films nicht mehr vor Michael weg, sondern stellt sich ihm und greift ihn selbst an. Gerettet wird sie allerdings wieder von einem Mann, dem Psychiater Michaels, der ihm in den Rücken schießt. In den Slasherfilmen der 80er Jahre wird die ‚Emanzipation' des Final Girls

---

[106] John Carpenter, zitiert nach Clover: Men, Women, and Chain Saws, S. 48f. Auch Seeßlen sieht das Final Girl ähnlich, nämlich als depressiven und unerlösten Charakter, der nicht aus freien Stücken tugendhaft ist. Vgl. hierzu: Seeßlen/Jung: Horror, S. 757f.
[107] Ebd., S. 48.
[108] Ebd., S. 44.
[109] Ebd., S. 60.
[110] Vgl. Kendall R. Phillips: Projected Fears – Horror Films and American Culture. Westport, Connecticut 2005, S. 115.
[111] Grant: Planks of Reason, S. 268.

nocheinmalgesteigert–dieHeldinnenüberlebennichtmehrzufälligundwegenihrer Fähigkeit zu schreien und zu flüchten, sondern aufgrund ihrer unnachgiebigen EntschlossenheitundStärke.[112] In NIGHTMAREONELM STREETmachtNancyvielmehr, als sich nur gegen Freddys Angriffe zu verteidigen – sie entwirft einen präzisen Plan zumAngriff,beschafftsichWaffenunddrapiertimganzenHausFallen.Daswichtigste aber ist,dasssie bereit ist,dieübernatürlicheHerkunftdes Killerszuakzeptierenund sichdaraufeinzulassen,umihnzubekämpfen:„Shemustbelieve,quicklyandwithout doubt, in the supernatural elements of Freddy's origin, and transform her views of realityandtheadultworldaccordingly.Hersurvivalhingesontheseefforts[…]."[113]

Horror "blurs boundaries and mixes social categories that are usually regarded as discrete, including masculinity and femininity."[114] Der Slasherfilm ist mit Sicherheit kein feministischer Film, aber er nimmt dennoch eine neue Genderpositionierungdes Final Girls vor, indem er es zur Heldin und Identifikationsfigur für das männliche Publikum macht. Hierdurch erreicht der Slasherfilm eine Auflockerung der strikten Genderkategorien,denndasFinalGirlistOpferundHeldinzugleich.

4.2.4JugendundAutorität

Im Gegensatzzur Heldindes Films, die als starker, entwickelterCharakter dargestellt wird, fehlt es den anderen Charakteren deutlich an Zeichnung und Motivation. Denn dies wäre eher gegenläufig in einem Film, dessen Struktur von der Rhythmik seiner Schockeffekte bestimmt wird. Die anderen Jugendlichen werden meist als relativ homogene Gruppe gezeigt, die ihre Zeit mit trivialen Aktivitäten verbringt. Sie sollen ‚normal' im Sinne von gewöhnlich und unspezifisch wirken, weiße Mittelklasse-Amerikaner, die in Vororten leben und zum Durchschnitt gehören. Sie führen ein alltägliches Leben, mit dem sich die meisten Menschen im Publikum identifizieren können: „these characters embody the America of the print ad, of the television commercial, and are meant to embrace the largest number of members in the film audience […] and to exclude the fewest."[115] Als typische Jugendliche, die keine realistischen Personen darstellen sollen, sondern als soziale Typen fungieren, sind sie

---

[112] Vgl. Sarah Trencansky: Final Girls and Terrible Youth: Transgression in 1980s Slasher Horror. In: JournalofPopularFilmandTelevision,Ausg.29Nr.2,Sommer2001,S.63-74,S.64.
[113]Ebd.,S.65.
[114]Pinedo:RecreationalTerror,S.83.
[115]Dika:GamesofTerror,S.55f.

hauptsächlich mit sich selbst beschäftigt, ihre Handlungen sind relativ trivial und unproduktiv (Fernsehen, Partys, Rauchen, Dating, Sex etc.) und sie sind sich ihrer Umgebung und der Gefahr, die darin lauert, kaum bewusst – dies macht sie zu wehrlosen Opfern der Angriffe des Killers.[116] Sie können den Lauf der Erzählung nicht vorantreiben und sind in erster Linie die Objekte des Zuschauerblicks, der mit dem Blick des Killers vermischt ist. Selbst können sie dagegen nichts sehen (sie haben keine POV-Shots und auch die Zeit, in der sie auf der Leinwand präsentiert werden, ist nicht sehr lang). Dies wertet sie als Charaktere ab und macht sie austauschbar,[117] was sich auch in der Besetzung widerspiegelt. Diese besteht fast ausschließlich aus unbekannten und unerfahrenen Schauspielern, die auch nur einen minimalen Dialog haben.[118] Außerdem wird so die Distanz der Zuschauer zu den Charakteren gewahrt, wodurch die Mordszenen als reines Spektakel rezipiert werden können und nicht etwa das Gefühl entsteht, von einer Identifikationsfigur Abschied nehmen zu müssen wie beispielsweise in PSYCHO.

Ein weiteres beständiges Motiv in den Slasherfilmen ist die Darstellung des Verhältnisses zwischen den Jugendlichen und der älteren Generation bzw. gerade die Nicht-Darstellung eines solchen Verhältnisses. In den Filmen tauchen kaum Eltern oder Autoritätspersonen auf, und wenn doch, nehmen sie die Ängste ihrer Kinder entweder nicht wahr (wie in NIGHTMARE ON ELM STREET, wo die Reaktion auf die Klage der Jugendlichen über die (Traum-)Morde lediglich ein lapidares „You're just tired" ist) oder können ihnen nicht helfen. In HALLOWEEN zum Beispiel ist Annies Vater als der Sheriff des Ortes nicht nur unfähig, Michael zu sehen und zu finden, vielmehr nimmt er die Bedrohung nicht einmal ernst. Auch Dr. Loomis, Michaels Psychiater, sieht Michael nicht und kann deshalb die Morde an Lauries Freunden nicht verhindern. Dass er Michael mit seinem Schuss in den Rücken nicht tötet, sondern nur für eine Zeitlang vertreibt, scheint charakteristisch für das Scheitern der älteren Generation. Auch Nancys Vater in NIGHTMARE ON ELM STREET ist Polizist, aber auch er ist nicht in der Lage, den Killer zu stoppen – er ignoriert die Bitten seiner Tochter und bringt damit ihr Leben in Gefahr. Institutionen wie die Polizei und die Psychiatrie, aber auch die eigenen Eltern, die normalerweise dafür zuständig sind, die Ordnung aufrecht zu erhalten und die

---

[116] Ebd., S. 56.
[117] Vgl. Tania Modleski: The Terror of Pleasure – The contemporary horror film and postmodern theory. In: Gelder: The Horror Reader, S. 285-293, S. 290.
[118] Vgl. Dika: Games of Terror, S. 70f.

Jüngeren vor den gefährlichen Mitgliedern der Gesellschaft zu schützen, versagen in ihren Aufgaben, indem sie weg sehen oder die Gefahr einfach nicht erkennen.

4.3 Der Slasherfilm im Kontext der gesellschaftlichen und sozialen Umstände in den USA

Einige Horrorfilme waren und sind so erfolgreich, weil sie eine bestimmte Saite in den Menschen anklingen lassen und zu einer bestimmten Zeit als wichtig oder ‚echt' empfunden werden. Solche Filme sind eng an bestimmte kulturelle Strömungen gekoppelt und vieles, was auf der Leinwand zu sehen ist, wird als treffende, wenn auch allegorische Darstellung der eigenen kollektiven Ängste und Belange wahrgenommen.[119] Die Beziehung zwischen bestimmten Horrorfilmen und dem weiteren Kulturraum, in den sie eingebettet sind, ist allerdings nicht so deutlich und direkt, wie es das Wort Allegorie vermuten lässt. Auch wenn Autoren wie Edward Ingebretsen das Monster im Horrorfilm als politische Einheit sehen,[120] die immer ein Teil unseres breiteren politischen Denkens bildet, scheint die Verbindung doch subtiler zu sein: „works of fiction „resonate" with elements in a particular culture."[121] Elemente innerhalb eines Horrorfilms können sich an Strömungen, die in der Gesellschaft herrschen, anfügen und so Anklang finden. „When the culture is in turmoil, for some reason audiences flock to the horror film. Perhaps, during these times of great, generalized social anxiety, the horror film functions to shock its audience out of their anxiety."[122]

So bieten die Filme eine Möglichkeit, sich mit den bestehenden Ängsten auseinanderzusetzen und sie zu reflektieren. Nachdem die utopischen Träumereien und der jugendliche Optimismus im Amerika der frühen 60er Jahre durch traumatische Geschehnisse wie den Vietnam-Krieg, Rassenunruhen in den Städten oder politische Erschütterungen wie den Mord an Kennedy zunichte gemacht wurden, folgte eine nachhaltige Ernüchterung der Gesellschaft. Das Vertrauen in die Politik wurde durch Nixons leere Versprechungen, den Vietnam-Krieg schnell zu beenden und die

---

[119] Vgl. Phillips: Projected Fears, S. 5.
[120] Vgl. Edward J. Ingebretsen: Monster-Making – A Politics of Persuasion. In: The Journal of American Culture, Ausg. 21 Nr. 2, Sommer 1998, S. 25–34, S. 25.
[121] Phillips: Projected Fears, S. 6.
[122] Ebd., S. 9.

anschließende Watergate-Affäre stark geschwächt.[123] Hinzu kamen ökonomische Faktoren wie Ölknappheit und Konjunkturschwankungen. Auch die anhaltenden Debatten über Abtreibung und die Rechte der Frauen, die im Zuge der sexuellen Befreiung der Frau und dem Verfall der Moral-und Wertevorstellungen der 50er Jahre geführt wurden, spalteten die Nation.

Zeitgenössischer Horror wird allerdings auch oft als Hinweis auf und Kommentar zu den allgemeineren kulturellen Bedingungen der modernen Zeit gesehen: „its ‚crisis of bourgeois patriarchy [...]; its narcissism, postmodernism, and sense of the apocalyptic."[124] Besonders die apokalyptischen Strömungen im Denken, die den Zerfall der Gesellschaft und die Vergeblichkeit menschlichen Handelns betonen, werden oft im Slasherfilm aufgegriffen und als Grundstimmung vorausgesetzt. „It is precisely because the modern apocalypse is horrific that the horror film best represents its expression."[125] Weil der modernen Gesellschaft der Glaube an die alten Wertevorstellungen fehlt, sie aber gleichzeitig auch keine neuen Werte aufstellen kann, beeinflusst die apokalyptische Stimmung nach Tony Williams auch kulturelle Artefakte wie das Horrorgenre.[126] Das Ergebnis sind der ausschweifende Gebrauch von blutigen Spezialeffekten sowie Gewaltexzessen – häufig in Form von sexualisierter Gewalt – und Katastrophen im Film. Der Zusammenbruch der Stabilität und der Ordnung – repräsentiert durch das Scheitern der Autoritäten und der älteren Generation sowie der Zerstörung der Familienstrukturen – im Slasherfilm lässt keine Hoffnung auf Besserung und Wiederherstellung der gesellschaftlichen Ordnung durchblicken, sondern lediglich Verzweiflung und Handlungsunfähigkeit. Darstellungen von Gewalt und menschlichem Leiden überdecken die Narration und es gibt keine geschlossenen, kathartischen Enden mehr wie im klassischen Horrorfilm – dies zeigen die zahlreichen Wiederauferstehungen von Jason, Freddy und Michael sehr nachdrücklich.[127] Solche eine nihilistische Betrachtungsweise ist bezeichnend für eine Gesellschaft, die durch leere Versprechungen und soziale Zusammenbrüche wie Vietnam und Watergate geprägt ist und das Vertrauen in die überkommenen Wertestrukturen verloren hat. Apokalyptische

[123]Mehr zur Regierungszeit Richard Nixons und deren Auswirkungen auf die amerikanische Kultur und Gesellschaft siehe Phillips: Projected Fears, S.106-109.
[124]Waller: Introduction. In: Ders. (Hg.): American Horrors, S. 11.
[125]Christopher Sharrett: Apocalypticism in the Contemporary Horror Film–A Typological Survey of the Theme in The Fantastic Cinema, Its Relationship to Cultural Tradition and Current Filmic Expression. New York 1983, S.23.
[126]Vgl. Tony Williams: Hearths of Darkness-The Family in the American Horror Film. Cranbury, New Jersey 1996, S.184.
[127]Vgl. Ebd., S.185.

Visionen bedeuten nicht nur Weltuntergangsängste, sondern auch die Wahrnehmung des unaufhaltsamen Zerfalls, des Untergangs verbreiteter sozialer Strukturen und Ordnungen zugunsten des Chaotischen und Bösen. Fiktive Erzählungen nehmen diese Strömungen vermehrt dann auf, wenn soziale Umbrüche die Stabilität der gesellschaftlichen Ordnung bedrohen und reflektieren sie in Form von exzessiver Gewaltdarstellung, Chaos und Zerfall.

So wie die anderen Richtungen der Populärkultur spiegelt auch der moderne Horrorfilm auf verschiedene Weisen die sich verändernden Moden und Geschmäcker der Gesellschaft wider, und setzt sich mit den Ängsten und Hoffnungen und den Auffassungen über die wesentlichen sozialen, moralischen und politischen Themen der Zeit auseinander.

> If nothing else, this genre is ambitious [...]. Horror defines and redefines, clarifies and obscures the relationship between the human and the monstrous, the normal and the aberrant, the sane and the mad [...] – slippery categories and tenuous oppositions indeed, but the very oppositions and categories that are so essential to our sense of life.[128]

5. Der Giallo

5.1 Entstehung und Bedeutung des Giallos

Im Jahr 1929 brachte der Mailänder Verleger Mondadori eine Reihe von Taschenbüchern mit gelbem Cover auf den Markt, die hauptsächlich Kriminal- und Detektivgeschichten enthielten. Diese Gialli (giallo ist das italienische Wort für gelb) waren oft Übersetzungen britischer Kriminalromane im Stil von Agatha Christie oder Arthur Conan Doyle, vor allem aber von Edgar Wallace.[129] Sie erlangen große Beliebtheit in Italien[130] und werden schließlich in den frühen 60er Jahren – nach dem Vorbild der sehr erfolgreichen deutschen Wallace-Verfilmungen – für die Leinwand adaptiert.[131] Zunächst nur eine reine Romanadaption, nimmt der Giallo mit Hilfe der modernen Film- und Effekttechnik des Kinos bald einen ganz eigenen Charakter an. Die späteren Giallo-Regisseure kommen aus allen möglichen Genrerichtungen des

---

[128] Ebd., S. 264.
[129] Vgl. Gary Needham: Playing with Genre - Defining the Italian Giallo. In: Steven Jay Schneider [Hg.]: Fear without Frontiers: Horror Cinema across the Globe. London 2003, S. 135–145, S. 135.
[130] Im faschistischen Italien unter Mussolini wurden die Gialli-Hefte trotz – oder gerade wegen – ihrer Beliebtheit beim Volk als schlecht und entartet angesehen, da sie die schlimmsten Formen von kriminellem Verhalten verherrlichen würden – „as opposed to the ‚right‘ kinds of criminal behaviour, like their Racial Laws". Mikel J. Koven: La Dolce Morte - Vernacular Cinema and the Italian Giallo Film. Lanham, Maryland/Toronto/Oxford 2006, S. 3.
[131] Vgl. Louis Paul: Italian Horror Film Directors. Jefferson, North Carolina 2004, S. 38.

italienischen (Exploitation-)Kinos wie dem Mondo-Film,[132] dem Zombie- und Kannibalenfilm, der Sexkomödie oder dem ,poliziotto', einer Art Polizei-Actionfilm. Deshalb kann der Giallo auch eher dem Horror- als dem Kriminalfilm zugeordnet werden, obwohl es schwierig ist, ihn in ein festes Genregerüst einzupassen. Vielmehr funktioniert er in einer flexibleren Art und Weise als konzeptuelle Kategorie mit höchst durchlässigen und beweglichen Grenzen, die Genres wie Gothic Horror, Verschwörungsfilme oder Polizeidramen mit einbeziehen können.[133] In Italien gibt es den Begriff ,filone', der häufig in der Redewendung „sullo stesso filone" („in der Tradition von") benutzt wird und im Zusammenhang mit dem Film und dem Giallo als eine Erweiterung des Genre-Begriffs gelten kann:

> The Italians have the word *filone*, which is often used to refer to both genres and cycles as well as to currents and trends. This points to the limitations of genre theory built primarily on American film genres but also to the need for redefinition concerning how other popular film-producing nations understand and relate to their products.[134]

Needham geht davon aus, dass der Giallo weniger ein Genre im konventionellen Sinn – d.h. im Sinne von Hollywood – ist, sondern eine Gruppe von Filmen, die der Einordnung in ein festes Genre widersteht.[135] Wenn man den Giallo also als *filone* betrachtet, als Film, der in der Tradition vieler verschiedener Genrerichtungen steht, wird man ihm eher gerecht, als wenn man ihn in das von Hollywood geprägte Genresystem presst. Dennoch bietet der Giallo trotz seiner unklaren Ein- und Zuordnung in feste Kategorien einige identifizierbare thematische und stilistische Merkmale, die einen stereotypischen Film ausmachen. Der Giallo vermischt Krimi-Elemente wie die Suche nach dem Mörder mit Horror-, oder spezifischer mit Slasher-Elementen, indem er den Morden eine fast schon fetischistische Aufmerksamkeit widmet – „the giallo places equal (if not more) importance on the actual method of killing as well as solving the crime".[136] Dennoch gibt es auch hier wiederum mehrere verschiedene Arten von Gialli, oder zumindest von Filmen, die als solche vermarktet wurden. Im „klassischen" bzw. stereotypischen Giallo wird die Hauptrolle des Films durch einen Serienmörder mit schwarzen Handschuhen und Mantel besetzt, der meist junge weibliche Opfer auf brutale Weise tötet und von einem Amateurdetektiv gejagt

---

[132] Hier ist vor allem Gualtiero Jacopettis einflussreicher Schockdokumentarfilm MONDO CANE von 1962 zu nennen.
[133] Vgl. Needham: Playing with Genre, S. 136.
[134] Ebd.
[135] Vgl. ebd.
[136] Ray Guins: Tortured Looks – Dario Argento and Visual Displeasure. In: Andy Black (Hg.): Necromonicon Book One, London 1996, S. 141-153, S. 141.

wird. Andere Filme ersetzen den Amateurdetektiv durch die Polizei und verschieben den Fokus weg vom Mörder auf die Ermittlungsarbeit (eine Vermischung mit dem poliziotto). Wiederum andere bringen Elemente des Fantastischen und Übernatürlichen mit in den Film ein.[137] Was den Giallo also ausmacht, ist eine speziell italienische Mischung aus Krimi, Sexploitation und Horror mit einem besonderen Interesse an der theatralischen und stark stilisierten visuellen Darstellung der Geschehnisse.

5.2 Motive des Giallos

Mario Bavas LA RAGAZZA CHE SAPEVA TROPPO[138] (1963) wird oft als der erste wichtige Giallo bezeichnet und gilt als Vorläufer der äußerst gewaltintensiven Gialli der 70er Jahre. Schon hier sind viele der Motive enthalten, die in den späteren Gialli wieder auftauchen und den ‚Kern' der Filme ausmachen: ausgeprägte Gewalt und die Suche nach dem Mörder bzw. nach der Ursache der Gewalt, die meist in der Vergangenheit liegt und bei dem Killer eine Art Trauma ausgelöst hat. Auch die narrative Struktur eines Giallos wird hier etabliert: eine unbeteiligte Person (oft beispielsweise ein Tourist) wird Zeuge eines sehr brutalen Mordes, auf den weitere ähnliche Morde folgen. Der Zeuge nimmt die Rolle des Amateurdetektivs ein und versucht, den Mörder zu finden, was ihm meist auch gelingt – im Gegensatz zur Polizei. Ein Jahr später führt Bava mit SEI DONNE PER L'ASSASSINO (1964) weitere Elemente des Giallos ein, die später wiederum zum Klischee werden: die explizite Darstellung von Gewalt, die sich speziell gegen junge, hübsche Frauen richtet; eine Folge von ‚Creative Deaths', die weit über das ‚übliche Maß' hinausgeht (die Mädchen sterben unter anderem durch Strangulation, Ersticken oder Ertränken – eine der Frauen wird getötet, indem ihr der Killer das Gesicht an einen glühenden Ofen presst); und schließlich die prototypische Verkleidung des Mörders, die aus schwarzen Lederhandschuhen, einem schwarzen Umhang sowie einem schwarzen Hut besteht. Oftmals trägt der Killer auch noch eine Maske (beispielsweise einen schwarzen Seidenstrumpf) vor dem Gesicht. Bewaffnet ist er meist mit einem großen Küchenmesser oder manchmal auch mit einem leichter versteckbaren Klappmesser, mit dem er seine Opfer ersticht oder aufschlitzt – aber

---

[137] So beispielsweise in Argentos SUSPIRIA, dem ersten Film seiner Trilogie über die drei bösen, Jahrhunderte alten Hexen Mater Suspiriorum, Mater Tenebrarum sowie Mater Lachrymarum (Mutter der Seufzer, Mutter der Dunkelheit, Mutter der Tränen), die je in einer anderen Stadt in alten Gebäuden leben und den Menschen da rin durch ihre übernatürlichen Kräfte den Tod bringen.
138 Der Titel des Films (wörtlich: Das Mädchen, das zuviel wusste) ist angelehnt an Hitchcocks THE MAN WHO KNEW TOO MUCH von 1956.

selbstverständlich kommen auch andere messerähnliche oder spitze Gegenstände wie Scheren, Rasierklingen ('cut-throatrazor'), Skalpelle, Brieföffneretc. zum Einsatz.

5.2.1 Sexualität und Gewalt

Die Bedrohung der Protagonisten durch Gewalt ist ständig gegeben – „and voyeurism, sexual dysfunction and the like are never far behind. The ultimate result is a totally chaotic spectacle which [...] destroys the (typically naïve) world views of their protagonists."[139] Die Gewalt im Giallo ist fast immer erotisch gefärbt und steht häufig nicht mehr für die Verdrängung der Lust – also als Ersatzhandlung für die Sexualität wie in den meisten anglo-amerikanischen Horrorfilmen – sondern für ihre Erfüllung.[140] Das obsessive Begehren des Mörders ist oftmals der Kern der Schuld im Giallo und die Ursache der Gewalt und des Tötens – ausgelöst durch eine Art Trauma in der Vergangenheit, das erst zum Schluss des Films enthüllt wird. So werden die Giallo-Killer häufig zu Prototypen Freudscher Psychologie: in Argentos 4 MOSCHE DI VELLUTO GRIGIO (1971) spielt sich ein quasi-ödipales Dilemma ab, wenn Nina ihren Vater töten möchte, weil sie ihn für ihre eigene ‚gender-confusion' verantwortlich macht.[141] In seinem späteren Film OPERA (1987) steigert Argento dies noch einmal, indem er die vergangene sado-masochistische Beziehung, die Inspektor Santini mit Bettys Mutter führte, als Grundstein für die aktuellen Morde legt. Die sadistische Art, wie er nun Betty dazu zwingt, seine Morde mit anzusehen, erscheint so als logische Konsequenz des Vergangenen. Sie muss mit ansehen, wie ihrem Liebhaber ein Messer von unten durch den Kiefer in die Mundhöhle gerammt wird, weil der Killer sie festbindet und ihr mit Klebeband eine Reihe von Nadeln unter die Augenlider klebt, so dass sie ihre Augen nicht schließen kann, ohne sich selbst zu verstümmeln. „The murderer needs her to see it all as her enforced restraint will bring the ultimate orgasm – the perpetration of death being the clearest act of love."[142] Diese Szene, die im Film zweimal vorkommt, stellt eine Beziehung her zwischen dem Blick der Protagonistin, dem Blick des Zuschauers und der Gewalt, die gegen beide gerichtet ist, denn das sadistische und/oder masochistische Szenario ist auch gegen das Auge und den Blick des Zuschauers

---

[139] Troy Howarth: The Haunted World of Mario Bava. Godalming 2002, S. 72.
[140] Vgl. Seeßlen/Jung: Horror, S. 262.
[141] Vgl. Koven: La Dolce Morte, S. 105.
[142] Dario Argento, zitiert nach Leon Hunt: A (sadistic) Night at the *Opera* – Notes on the Italian horror film. In: Gelder: The Horror Reader, S. 324-335, S. 332.

gerichtet–„towards the audience, a desire to aggress the very site of vision, the eye [...]"
the spiked mask of Satan is carried forward into the camera to pierce the gaze of the
spectator."[143] Was Jenks ‚textual sadism' nennt, wird auch von Argento selbst so
ausgesprochen:

> For years I've been annoyed by people covering their eyes during the unspooling of the gorier
> moments in my films. I film these images because I want people to see them and not avoid the
> positive confrontation of their fears by looking away. So I thought to myself, 'How would it be
> possible to achieve this and force someone to watch the most gruesome murder and make sure
> they can't avert their eyes?' The answer I came up with is the core of what *Opera* is all about.[144]

Vielleicht wird der Zuschauer bei Argento deshalb zum Objekt sadistischer Szenarien
gemacht, vor denen er die Augen nicht verschließen darf und daher stark mit
eingebunden wird in die Beziehung en zwischen Blick, Kamera, Killer und Opfer.

Die Gewalt gegen das Auge wird auch im Film weiter fortgesetzt, beispielsweise wenn
Bettys Agent in durch den Spion in der Tür sieht und der Killer ihr von außen durch den
Spion hindurch in das Auge schießt, oder wenn das Auge Santinis von einem Raben
herausgepickt und gefressen wird. Solche Szenen stehen dann auch in krassem
Gegensatz zu dem, was Kaja Silverman meint, wenn sie schreibt: „the fascination of the
sadistic point of view is merely that it provides the best vantage point from which to
watch the masochistic story unfold."[145]

Die Aufmerksamkeit im Giallo gilt der Frau, sei es als Objekt des Blicks von Mörder
und Zuschauer, als Opfer von Gewaltphantasien und sexuellen Gelüsten oder als
Inbegriff des Bösen, des ‚Kranken' oder der Hysterie.[146] Nicht selten wird Argento
wegen der scheinbar frauenfeindlichen Tendenzen und der Gewalt gegen Frauen in
seinen Filmen kritisiert und angegriffen. Von einem britischen Journalisten dazu
befragt, antwortete er: „I like women, especially the really beautiful ones. If they have a

---

[143] Jenks über den Mord an Asa in Bavas LA MASCHERA DEL DEMONIO. Carol Jenks: The Other Face of
Death: Barbara Steele and LA MASCHERA DEL DEMONIO. In: Andy Black (Hg.): Necronomicon Book
One, London 1996, S. 88-100, S. 93.

[144] Ebd., S. 93f.

[145] Kaja Silverman: Masochism and Male Subjectivity. In: Dies.: Male Subjectivity at the Margins.
Routledge, London/New York 1992, S. 185-214, S. 190.

[146] Halluzinationen und subjektive Visionen von Frauen gibt es immer wieder in verschiedenen Gialli,
beispielsweise in Argentos OPERA, Lucio Fulcis UNA LUCERTOLA CON LA PELLE DI DONNE (1971) oder
Sergio Martinos LO STRANO VIZIO DELLA SIGNORA WARDH (1971). Needham schreibt dem Giallo eine
inhärente Pathologisierung der Weiblichkeit und eine „fascination with "sick" women" zu. Needham:
Playing with Genre, S. 138. Häufig gibt es auch das Bild der bösen Mutter im Giallo, etwa Bettys
Mutter in OPERA (hier ist wiederum bezeichnend, dass Betty die Rolle ihrer Mutter annehmen muss, um
Santini zu entkommen und nicht getötet zu werden) oder in Argentos Trilogie der drei Mütter.

good face and figure, I would much prefer to watch them being murdered than an ugly girl or man."[147] Fast schon obligatorische Nackt- und Sexszenen sowie zahlreiche Morde an (halb-)entblößten Frauen erinnern an die US-amerikanischen Slasherfilme und daran, dass es sich bei beiden – trotz künstlerischer oder sozialkritischer Ansprüche – um ein Kino der Schockeffekte handelt, das darauf angelegt ist, Aufmerksamkeit zu erzielen. Die Verbindung zwischen Gewalt und (weiblicher) Sexualität hat sich hierbei als überaus dienlicher wiesen.

5.2.2 Kunst und Künstlichkeit

Unheimliche und gruselige Settings, die beispielsweise durch visuelle Stilmittel wie die Einblendung von dunklen Außenaufnahmen oder , haunted houses' zur Angsterzeugung beitragen, sind praktisch vorgeschrieben für Horrorfilme. Im Slasherfilm spielen diese Konventionen nur am Rande eine Rolle (vergl. Kap. 5.2.1) – im Giallo dagegen rücken sie in den Vordergrund. Die nächtliche Eröffnungsszene in Bavas SEI DONNE PER L'ASSASSINO zeigt beispielsweise ein barockes Schild in rot und gold, auf dem ‚Cristina/haute couture' zu lesen ist und das vom Sturm weggeschleudert wird – nur um ein düsteres Schloss zu enthüllen, das bald zum Mittelpunkt der grauenvollen Morde des Films wird.

Während der Slasherfilm den Ort seiner Handlung bevorzugt in ländlichen Gegenden, Wäldern und Vororten ansetzt, herrschen im Giallo keine düsteren, sondern vor allem elegante und moderne Settings vor. Diese sind entweder ornamental und barock gestaltet wie in Argentos SUSPIRIA und INFERNO oder auch äußerst modern/postmodern mit viel High-Tech wie etwa in OPERA.[148] Sie gehören – im Gegensatz zu den Slasherfilmen, die sich auf den amerikanischen Durchschnittsbürger beziehen – einer Welt an, die von deutlichem Wohlstand und einem gewissen Sinn für das Aristokratische geprägt ist. Die typischen Charaktere sind Models, Designer, Opernsänger, Künstler, Tänzer, Photographen, Aristokraten etc. In dieser Hinsicht beziehen sich die Gialli stärker auf die kulturellen Konventionen Italiens als dass sie sich an den Merkmalen des Horrorgenres orientieren.[149] Die Vernetzung von Gewalt mit der Welt des Wohlstands, des Künstlertums und der Haute Couture rückt das Bild

---

[147]Dario Argento, zitiert nach Paul: Italian Horror Film Directors, S. 60.
[148]Vgl. Hunt: A (sadistic) Night at the Opera, S. 331.
[149]Vgl. Karola: Italian Cinema Goes to the Drive-In, S. 225.

Italien als kosmopolitisches Land und die Popularität des italienischen Stils in den 60er und 70er Jahren in ein anderes Licht. Auch auf die italienische Tradition der Dekadenz spielt der Giallo an und kritisiert sie indirekt, indem die mondänen und verschwenderischen Charaktere im Film häufig als korrupt und kriminell entlarvt werden, wenn nicht gar als mörderisch.

Viele Gialli spielen in Modehäusern bzw. Modeschauen oder Photostudios und viele der Opfer sind Models.[150] In SEI DONNE PER L'ASSASSINO spielt sich ein Großteil der Handlung in Cristinas Schloss ab, in dem Haute Couture-Modeschauen stattfinden und fast immer zahlreiche weibliche Models anwesend sind. Diese sind kaum voneinander zu unterscheiden und wirken äußerst leblos: „There are moments when the women are so still that it is difficult to tell the ontological status of the model we have before us on screen."[151] Die Mädchen erinnern eher an Schaufensterpuppen, die aufwendig für die Shows dekoriert und herausgeputzt werden, als an lebendige Menschen – sie sind lediglich die Beigabe zu den Kleidern, die sie vorführen und fügen sich nahtlos in die Betonung des Äußeren, des Dekors und Stils ein, die im Giallo vorherrscht.

Mode, Kunst und Stil haben ihren ganz eigenen Stellenwert im Giallo. „While many giallo viewers await the ubiquitous Susan Scott's next undressing scene, many many others are waiting to see her next fabulous outfit."[152] Der Giallo kann also von beiden Seiten gelesen werden, einmal von einer erotischen Erwartungshaltung an den Film ausgehend und einmal aus einer Camp-Sichtweise. „The *giallo* is a document of 60s and 70s style that years later can be seen as utterly camp"[153] Zur Camp-Lesart passt auch der exzessive Stil, der in den meisten der Gialli vorherrscht und oft wichtiger als die Narration des Films zu sein scheint. Die oft sehr verworrenen und irreführenden Linien des Plots erweisen sich als sehr unwahrscheinlich (manche bezeichnen ihn gar

---

[150] So zum Beispiel SEI DONNE PER L'ASSASSINO, Andrea Bianchis NUDE PER L'ASSASSINO (1975) oder Emilio P. Miraglias LA DAMA ROSA UCCIDE A SETTE VOLTE (1972), nur um ein paar zu nennen. Dadurch erinnert der Giallo an Antonionis BLOW UP – auch gibt es bei beiden das Stilmittel der mehrdeutigen bzw. unklaren Szene, die decodiert werden muss, um an die Lösung des Rätsels zu gelangen. Newman definiert daran den Unterschied zwischen Kunst und Kommerz, d.h. zwischen 'Kunst-Filmen' wie die Antonionis und 'Kommerz' wie dem Giallo: „in Antonioni, the solution to the mystery is important but unknowable while in the mainstream *giallo*, it is negligible but has to be gone into." Kim Newman: Thirty Years in Another Town – The History of Italian Exploitation Cinema Part 1. In: Monthly Film Bulletin, Ausgabe 53, Januar 1986, S. 19-56, S. 24.

[151] Reynold Humphries: Just another fashion victim - Mario Bava's *Sei donne per l'assassino*. Online: http://www.kinoeye.org/01/07/humphries07.php (Zugriff: 30.01.2008).

[152] Needham: Playing with Genre, S. 138.

[153] Ebd.

als „dummes Zeug"[154] bzw. „ridiculous"[155]) und ordnen sich fast schon der komplexen mise en scène unter, die eine Welt des Rausches und der Alpträume mit genuin filmischen Mitteln entwirft. Es heißt, Mario Bava hätte für SEI DONNE PER L'ASSASSINO zugunsten eines Gerätes, das durch die Erzeugung von blutigen Spezialeffekten die Inszenierung realistischer, gewaltsamer Todesszenen ermöglicht, auf ein sorgfältig ausgearbeitetes Skript verzichtet.[156] Dies zeigt die Bereitschaft des Regisseurs, sich ganz auf die visuelle Ausarbeitung des Films zu konzentrieren: "This, however, leaves a fascinating movie stranded in a no man's land of formalism: images and colours generate new images and colours with no other purpose than that of creating a visually exciting work."[157] Wenn der Plot auf das Essentielle reduziert wird, sind es die Bilder, die den Zuschauer in ihren Bann ziehen. Bava benutzt für seine Filme verschiedenfarbige Gele, mit denen er bestimmte Scheinwerfer bedeckt, um wichtige Bereiche in seinen Szenen hervorzuheben.[158] Dadurch wirken viele seiner Filme eher wie groteske Gemälde und nicht etwa als eine Abbildung der Wirklichkeit. Auch Argento nutzt eine spezielle Farbtrennungstechnik, durch die er ein alptraumhaftes, in sich geschlossenes Universum in seinen Filmen schafft.[159] In SUSPIRIA beispielsweise herrschen grelle Farben und ornamentale Muster vor. In Momenten der Gefahr und der Bedrohung sind die Schauplätze dann meist nur noch in einer Farbe ausgeleuchtet, entweder in blau, rot oder grün. Diese Farben werden auch primär von den ‚bösen' Protagonisten des Films getragen, während Suzy, die mädchenhaft-unschuldige Heldin, fast ausschließlich in weiß gekleidet ist.[160] Schon die ersten Szenen in SUSPIRIA sind bezeichnend für Argentos Stil: Bis zu dem Moment, wo Suzy an der Tanzakademie, an der sie künftig Ballettunterricht erhalten wird, ankommt, sind alle Farben im Film düster und blass – das Gebäude selbst dagegen ist bunt und grell angeleuchtet und wirkt wie die Kulisse einer Operninszenierung. Kurz darauf geschieht der erste Mord an einer Schülerin des Internats und auch dieser Mord ist wie ein Bühnenstück inszeniert: die Ballettschülerin Betty steht im bunt beleuchteten Fenster, das wie der Rahmen einer Bühne wirkt, während von außerhalb des Rahmens eine Hand erscheint und auf das Mädchen einsticht. Künstlich grellrotes Blut fließt literweise aus ihren Wunden und ein

---

[154] Seeßlen/Jung: Horror, S. 375.
[155] Kevin Lyons: The Giallo Zone – Introduction.
Online: http://www.eofftv.com/features/giallo_zone_intro.htm (Zugriff: 25.01.2008).
[156] Vgl. Humphries: Just another fashion victim.
[157] Ebd.
[158] Vgl. Paul: Italian Horror Film Directors, S. 14.
[159] Vgl. Vossen: Filmgenres – Horrorfilm, S. 239.
[160] Vgl. ebd.

POV-Shot aus dem Inneren (!) von Bettys Körper zeigt, wie die Klinge des Messers in ihr Herz eindringt. Da es jedoch niemanden gibt, der den subjektiven Blick in das Innere ihres Körpers annehmen könnte, führt Argento selbst noch diese Kameraeinstellung ad absurdum und macht noch einmal mehr deutlich, dass es sich hier um einen Film handelt, um Künstliches, das mehr als das realistisch-mögliche zeigt. Der schrill-laute Progressive Rock-Soundtrack der Band Goblin, der sich keineswegs beiläufig im Hintergrund hält, trägt das Seine dazu bei. In anderen Filmen wie Lucio Fulcis The Black Cat oder Argentos Phenomena gibt es POV-Shots aus der Sicht von Tieren wie einer Katze oder Insekten – sie tragen ebenfalls nicht zur Identifikation bei, sondern halten den Zuschauer auf Distanz. „These POV shots, whether killer-cam or any of the other subjective camera devices, are self-conscious violations of the norms of continuity filmmaking."[161] Durch diese subjektiven Aufnahmen, die den Fluss des Films unterbrechen, wird der geistige und seelische Zustand eines Charakters allein durch die Kamera dargestellt. Besonders bei Argento gibt es häufig Sequenzen, die sich ganz im Kopf des Mörders abspielen, etwa Erinnerungen an Vergangenes oder auch künftige Mordphantasien. In Profondo Rosso beispielsweise tauchen zwischendurch immer wieder abstrakte Bilder aus der Kindheit des Killers – etwa Spielzeug oder dem Zuschauer unbekannte Personen – auf, die völlig aus dem Kontext gerissen auf schwarzem Hintergrund präsentiert werden. Mit solchen fast schon surrealen Traum- bzw. Fantasiesequenzen werden keine Informationen, die die Erzählung vorantreiben, transportiert, sondern eher eine poetische Darstellung des Wahnsinns des Mörders gezeigt.[162] Während der Giallo auch manchmal Schockeffekte ähnlich denen des Slasherfilms verwendet (der Killer taucht plötzlich von außerhalb des Bildrahmens auf, das Opfer verirrt sich an einen gefährlichen Ort, etc.), bevorzugt er doch eher ein sorgfältig ausgearbeitetes und länger andauerndes ‚set-piece',[163] das die volle Bandbreite an barockem Dekor, Belichtung und Soundtrack auszunutzen weiß. Nicht selten ist hier ein radikaler Unterschied zwischen den prosaischen Szenen, die den Plot

---

[161] Koven: La Dolce Morte, S. 147.
[162] Vgl. ebd., S. 148. Hierzu passt auch der Einsatz der subjektiven Kamera, wenn der Killer sein Mordwerkzeug betrachtet. Häufig wird das Messer bzw. die Klinge vor schwarzem Hintergrund gezeigt, um den Glanz des Stahls besser zur Geltung zu bringen – und genauso wie die Morde dauern auch diese Sequenzen länger, als es für die Narration notwendig wäre.
[163] Totaro definiert den Begriff wie folgt: „A set-piece is a choreographed scene that usually, though not exclusively, takes place in one location. By an „elaborate" set-piece, I mean a situation or set of actions where narrative [...] gives way to "spectacle." In other words the scene plays on far longer than what is strictly necessary for the narrative purpose." Donato Totaro: The Italian Zombie Film – From Derivation to Reinvention. In: Steven Jay Schneider (Hg.): Fear without Frontiers – Horror Cinema across the Globe. Godalming 2003, S. 161-173, S. 162.

vorantreiben, und den Morden zu erkennen, die die Narration förmlich anhalten und in einem völlig anderen Stil gefilmt sind – der Giallo teilt sich so in eine narrative und in eine visuelle Ebene.[164] Das Motiv für die Morde wird in PROFONDO ROSSO durch eine inkonsequente und sehr verschachtelte Erpressergeschichte generiert, aber die Morde selbst spielen sich auf einer anderen Ebene ab, die viel tiefer in die sadistisch-sexuellen Wahnvorstellungen des Mörders eindringt.

Die Erzählung als ordnende und sinngebende Kraft wird bei Argento so sehr in den Hintergrund gerückt, dass der Zuschauer förmlich hineingerissen wird in fantastische Inszenierungen und dunkle Gefühle, die zwischen Angst und Wahnsinn schwanken. Argento selbst beschreibt seine Filme treffend als Gebilde aus Farben und technischen Wirkungen sowie eine Folge von „magischen Momenten".[165]

> Ich inszeniere meine Filme wie große Feste. Für mich spielt im Film alles mit: Dekorationen, Lichtkombinationen, psychedelische Effekte, künstliche Klänge. Das alles ergibt ein Gesamtkunstwerk, in dem sich eine Reinheit entwickelt, die wie ein Zuschauer nach dem Mythos sucht.[166]

Vielleicht geht es deshalb in manchen seiner ‚mystischeren' bzw. übernatürlicheren Filme wie der Trilogie der Mütter auch gar nicht so sehr um den oder die Protagonisten, die nur von dem scheinbar unmöglichen Versuch, das Rätsel zu lösen, getrieben sind. Vielmehr geht es um die Darstellung eines traumartigen Zustandes, der stark von Argentos persönlichen Interpretationen von Dämonologie und Okkultismus geprägt ist.

Alles in allem lassen sich die Gialli als die Inszenierung eines Kunstwerks zusammenfassen, dessen Form wichtiger als sein Inhalt ist. Die äußere Form wird durch verschiedenste Stilmittel wie Kameraführung, Musik, Beleuchtung oder Dekoration aufwendig konstruiert und betont, während der Plot um die kunstvollen set-pieces, also die Morde herum angelegt und oftmals nicht stimmig ist.

5.3 Der Giallo im Kontext der gesellschaftlichen Umstände in Italien

Die späten 60er und frühen 70er Jahre, die zur Hochzeit des Giallos wurden, sind eine Zeit des kulturellen und gesellschaftlichen Umbruchs in Italien. Sich verändernde Lebensformen und offenere sexuelle Sitten und Gebräuche, die Gleichberechtigung der

---

[164] Vgl. Hunt: A (sadistic) Night at the *Opera*, S. 330.
[165] Vgl. Seeßlen/Jung: Horror, S. 385.
[166] Dario Argento, zitiert nach Seeßlen/Jung: Horror, S. 383f.

Frau sowie die Öffnung der Grenzen Italiens, das heißt wachsende Zuwanderung nach und Auswanderung aus Italien in das europäische Umland und darüber hinaus, machen die moderne Zeit in Italien aus.[167]

> The changes within Italian culture [...] can be seen through the *giallo* film as something to be discussed and debated – issues pertaining to identity, sexuality, increasing levels of violence, women's control over their own lives and bodies, history, the state – all abstract ideas, which are all portrayed situationally as human stories in the *giallo* film.[168]

Der Giallo greift also die Veränderungen, die der Fortschritt und die moderne Zeit mit sich bringen, auf, tut dies jedoch nicht – wie meistens im Slasherfilm – als rein konservative Antwort auf die Umbrüche, die die Moderne mit sich bringt. Vielmehr spiegelt er eine gewisse Zwiespältigkeit gegenüber den Veränderungen wider, die so auch in der Gesellschaft vorherrscht. Besonders die Rolle Italiens in der Welt und als Teil der europäischen Gemeinschaft wird im Giallo durch Motive wie den Fremden bzw. den Außenseiter oder Touristen thematisiert, der auf verschiedene Weise in die geschlossene Welt der Filmhandlung eintritt, sie durchdringt und auflockert. Dies kann beispielsweise ein Tourist aus einem anderen Land oder auch aus einer anderen Gegend in Italien sein, der Augenzeuge eines Mordes und dann zum Amateurdetektiv wird (wie zum Beispiel in Bavas OPERAZIONE PAURA oder Lucio Fulcis NON SI SEVIZIA UN PAPERINO). Reisen, Tourismus und der sich neu entwickelnde europäische Jet-Set nehmen keine unbedeutende Rolle im Giallo ein. So z.B. beginnen oder enden viele Gialli an Flughäfen. Oft werden auch Marken internationaler Fluglinien in den Film mit eingebracht. Das bekannteste Beispiel sind aber wohl die Einblendungen der amerikanischen Whisky-Marke J&B („every traveller's favourite drink"),[169] die sehr an Schleichwerbung erinnern, es aber nicht sind. Koven beschreibt dieses Phänomen als die gewollte Vermittlung von bestimmten Assoziationen beim Zuschauer:

> J&B was associated with the then fashionable Las Vegas lounge set, epitomized by such Italian-Americans as Sinatra and Martin. The iconic status of singers like Dean Martin [...] would have signified sophistication, wealth, luxury, and masculinity to an Italian cultural audience.[170]

Aber nicht nur internationale Marken und das Reisen werden betont, sondern auch immer wieder italienische Wahrzeichen und damit das Italienische an sich: sehr viele Mordszenen spielen sich beispielsweise auf oder an berühmten Plätzen, Gebäuden oder

---

[167]Vgl. Koven: La Dolce Morte, S. 79.
[168]Ebd., S. 16.
[169]Needham: Playing with Genre, S. 143.
[170]Koven: La Dolce Morte, S. 49.

Monumentenab.[171] Es sind also durchaus gegensätzliche Richtungen, die der Giallo in sich vereint und mit denen er sich auseinandersetzt. Koven betont diese Ambivalenzen als wichtiges Merkmal des Giallos und fasst sie folgendermaßen zusammen: als Ambivalenz gegenüber der Sprache – „where modernity is represented within the communicative apparatus itself"[172] – gegenüber der oben genannten breiten Öffnung der Grenzen, die den Austausch mit Fremden ermöglicht und gegenüber dem modernen Pluralismus den gelockerten sozialen und kulturellen Werten und Sitten. „It is too easy to simply say that in appealing to the lowest common denominator, these films are conservative, regressive and reactionary (although they may be); more significantly, they open up a discursive space where in modernity itself can be discussed."[173]

5.3.1 Der Giallo und der italienische Filmmarkt

Der Horrorfilm hat in Italien keine Tradition wie beispielsweise in den USA, England oder Deutschland. Er scheint quasi aus dem Nichts entsprungen zu sein, während andere populäre Genres des italienischen Kinos wie die epischen Schwert-und-Sandalen-Filme bis in die Zeit vor dem Ersten Weltkrieg zurückreichen. Daher ist das Horrorgenre in Italien anfänglich auch mehr eine Imitation der Gothic-Horror-Produktionen der britischen Hammer-Studios oder amerikanischer Erfolge als ein selbständiges, italienisches Genre.[174] Nachdem Riccardo Fredas I VAMPIRI (1956) kommerziell scheitert, obwohl er alle Merkmale eines brauchbaren Genrefilms besitzt, zieht Freda den Schluss, dass das Publikum unter einem „guten" Horrorfilm einen angelsächsischen Horrorfilm versteht – also nennt er sich für seinen nächsten Film Robert Hampton und Mario Bava, damals noch Fredas Kameramann, wird zu John Foam.[175] Zusätzlich leihen sich die italienischen Produktionsfirmen englische und amerikanische Stars des Horrorfilms wie Christopher Lee, Boris Karloff oder Barbara Steele, die schnell zur Scream-Queen und Kultfigur des frühen Giallos wird. Bald jedoch kristallisieren sich entscheidende Unterschiede zwischen den italienischen und den angelsächsischen Filmen heraus. Die britischen Produktionen unterliegen einer ganz anders gelagerten

---

[171] Vgl. Needham: Playing with Genre, S. 136.
[172] Koven: La Dolce Morte, S. 58.
[173] Ebd., S. 59.
[174] Der Regisseur Luigi Cozzi wird hierzu von Kim Newman folgendermaßen zitiert: "In Italy [...] when you bring a script to a producer, the first question he asks is not 'what is your film like?' but 'what *film* is your film like?' That's the way it is, we can only make *Zombie 2*, never *Zombie 1*". Newman: Thirty Years in Another Town, S. 21.
[175] Vgl. Seeßlen/Jung: Horror, S. 259.

Mythologie, nämlich der Tradition des Puritanismus und Viktorianismus, während in Italien der Einfluss der katholischen Kirche und eine mediterrane Familienstruktur prägend sind.[176] „Der Puritanismus sieht das Böse [...] als die Inkarnation seiner heimlichen Wünsche, und er projiziert darauf auch seine Erotik; der Trieb und die Strafe dafür gehen ineinander."[177] In der katholischen Mythologie dagegen wird das Böse als Strafe für die begangenen Sünden gesehen, Verstöße gegen die stark ausgeprägte Moral werden mit der Hölle bestraft. Durch diese Unterscheidung sowie die überdeutliche Verbindung von Sexualität und Gewalt und den ganz eigenen visuellen Stil, den die bekanntesten Giallo-Regisseure Bava und Argento von Anfang an in ihre Filme mit einbringen, entwickelt der Giallo bald schon sein eigenes Profil.

Betrachtet man die wissenschaftliche Literatur oder Lexika über italienische Filme und italienische Regisseure, fällt auf, dass es sehr viele Werke etwa über das Kino des Neorealismus oder über große Regisseure wie Rossellini, Bertolucci, Fellini, Visconti oder Antonioni auf dem Markt gibt. Sie werden assoziiert mit ‚High Culture' und Kunst, mit Klassikern der Filmgeschichte. Genres der Populärkultur wie der Italowestern oder der Giallo, die ebenso ein Teil des italienischen Filmmarktes sind, werden dagegen weitestgehend aus dem Diskurs ausgeblendet: „In that period, only directors like Fellini or Visconti were considered, at least by intellectuals, as representative of Italian cinema, whereas somebody like Bava was primarily ignored."[178] Allerdings darf man auch nicht übersehen, dass sich der kommerzielle Erfolg der italienischen Filmindustrie keineswegs auf diese künstlerischen Filme gründete, sondern vor allem aus den Mainstream-Produktionen stammte. Auf den Geschmack der breiten Masse zugeschnitten und dadurch stark an den Wünschen des Publikums orientiert, bereiteten diese Filme die finanzielle Grundlage und die nötige Sicherheit für die Produktion ‚künstlerisch anspruchsvollerer' Filme und machten sie so erst möglich. „Producers could afford to gamble on critically lauded but „difficult" directors like Michelangelo Antonioni because the home market provided a steady flow of cash from the less esoteric, more populist entertainments."[179] Daher wurden die italienischen Exploitation-Filme mit möglichst geringem Budget – nicht selten von amerikanischen Produktionsfirmen wie American International Pictures mitfinanziert, die dann speziell geschnittene Versionen für verschiedene Märkte herausbrachten – für

---

[176] Vgl. Ebd., S. 260.
[177] Ebd.
[178] Luigi Cozzi: Vorwort zu Howarth: The Haunted World of Mario Bava, S. 5-6, S. 5.
[179] Stephen Thrower: Beyond Terror – The Films of Lucio Fulci. Godalming 1999, S. 42.

den internationalen Handel produziert, um so den größtmöglichen Profit herauszuholen.[180]

6. Giallo und Slasherfilm im Vergleich

Wenn sich der Slasherfilm und der Giallo auf den ersten Blick sehr ähnlich scheinen, liegt dies wohl an der Struktur und dem typischen Plot der Filme, der darin besteht, dass ein – oft maskierter – Mörder mehrere Menschen tötet, von denen die Meisten junge, hübsche Frauen sind. Die Gewalt in den Mordszenen wird hierbei auffallend graphisch dargestellt und länger gezeigt als es für den Fortlauf der Geschichte nötig wäre. Bei beiden Genres gibt es auch männliche Opfer, allerdings wird der Mord an ihnen nicht zelebriert und sie werden schnell und leise getötet, da sie keine Objekte der Betrachtung und Begierde darstellen. Auch die Motivation für die Morde ist bei beiden Genres oft ähnlich, da sie häufig durch ein Trauma in der Vergangenheit des Mörders ausgelöst werden (so zum Beispiel bei der Mutter Jasons in FRIDAY THE 13TH oder Inspektor Santini in OPERA). Die Unterschiede in der Motivation für die Morde sind allerdings größer als diese Gemeinsamkeit. Grundsätzlich lässt sich im Slasherfilm eine Tendenz der Killer zum Psychopathischen ausmachen, das heißt, sie sind psychisch gestört und böse – aus ihrem Wahnsinn schließt sich auch die Motivation, ihre Opfer zu töten. Im Giallo dagegen ist dies so gut wie nie der Fall: hier haben die Killer meistens ein profunderes Motiv für ihre Taten wie persönliche Rache (etwa in PROFONDO ROSSO), Geldgier oder ähnliches (in SEI DONNE PER L'ASSASSINO ist der Mörder bzw. die Mörderin bei klarem Verstand und tötet, um mehr Profit zu erzielen). So grenzt sich auch der Kreis der Opfer im Giallo ein: Im Slasherfilm ist jeder der Anwesenden ein potentielles Opfer. Dies wird gerade in den unzähligen Fortsetzungen von HALLOWEEN und FRIDAY THE 13TH deutlich, wo die Charaktere systematisch und ohne bestimmtes Motiv getötet werden, wenn sie dem Killer zufällig über den Weg laufen: „Characters are often killed just to be killed."[181] Im Giallo dagegen sind nur diejenigen in Gefahr, die im Zusammenhang mit dem persönlichen Motiv des Killers stehen oder diejenigen, die ihn an der Ausführung der Morde hindern bzw. ihn verraten wollen.

---

[180]Vgl. Karola: Italian Cinema Goes to the Drive-In, S. 213.
[181]Armstrong: Slasher Films, S. 13.

Geht man noch tiefer in die Details der Narration, werden weitere Unterschiede deutlich: während die Handlung im Slasherfilm meistens auf nur eine Nacht bzw. einen Tag komprimiert ist, erstreckt sie sich im Giallo meist über mehrere Tage und lässt so mehr Spielraum für die Anzahl und die Entwicklung der Charakter und eine größere Auswahl an Locations. Die Handlung über einen längeren Zeitraum auszudehnen, ermöglicht es ebenfalls, eine Ermittlung gegen den Mörder in Form eines Amateurdetektives oder auch der Polizei einzuleiten. Die Strukturierung des Slasherfilms dagegen ist sehr viel geschlossener, konzentrierter und zielt nicht auf eine Einmischung von außen ab – „the only goal seems to be survival until the sun comes up."[182] Der ‚whodunit'-Aspekt spielt im Giallo eine entscheidende Rolle, während er im prototypischen Slasherfilm nicht einmal im Ansatz vorkommt (durch ihre fast vollständige Abwesenheit wird die Welt der Erwachsenen und Autoritäten als unfähig dargestellt).[183] Dies ist wahrscheinlich einer der größten Unterschiede der beiden Genres: Der Giallo legt seinen Fokus auf die Ermittlung, die Aufklärung der Identität des Mörders. Somit wird der Ermittler auch zur Hauptperson (selbstverständlich neben dem Killer) und Identifikationsfigur des Films. Der Slasherfilm dagegen konzentriert sich ganz auf den Versuch der Opfer, zu überleben – folgerichtig wird das Final Girl, also die Person, die sich dem Mörder am erfolgreichsten zur Wehr setzt, zum Hauptcharakter und zur Heldin.

Auch die typischen Settings des Giallos und des Slasherfilms sind sehr unterschiedlich: der Giallo spielt oft in Städten, das Setting ist urban und modern – im Gegensatz dazu wird der Slasherfilm häufig auf dem Land bzw. in ruhigen Vororten angesiedelt und von der Umwelt isoliert. Dies hängt auch wieder mit der relativen kurzen Zeitspanne der Filme zusammen, die es kaum möglich macht, ein weitläufiges Setting so zu präsentieren, dass der Zuschauer weiß, wo er sich gerade befindet im Film. Ein klar abgegrenztes Gebiet macht die Orientierung einfach und den Platz frei für das Wesentliche des Films: den Mörder und die Jagd auf seine Opfer. Eine weitläufige

---

[182] Koven: La Dolce Morte, S. 162.
[183] Es gibt allerdings auch Slasherfilme, die den whodunit-Aspekt durchaus mit einbeziehen. Dies sind aber vor allem die späteren – und weniger erfolgreichen – Filme wie beispielsweise PROM NIGHT (Paul Lynch, 1980), TERROR TRAIN (Roger Spottiswoode, 1980) oder MY BLOODY VALENTINE (George Mihalka, 1981), die im Zuge der Erfolge von HALLOWEEN oder THE TEXAS CHAINSAW MASSACRE entstanden. Das Besondere an den Killern dieser Filme ist, dass sie – anders als etwa Jason oder Michael – nicht immer töten, das heißt, sie nehmen den größten Teil der Zeit einen unauffälligen Platz unter ihren Mitmenschen und Freunden ein und täuschen diese, indem sie so tun, als würden sie den Mörder mit suchen. Die Konsequenz daraus ist, dass jeder der Protagonisten der Mörder sein kann und somit auch jeder grundsätzlich verdächtig ist.

Stadt, die allein durch ihre Größe eine gewisse Sicherheit oder zumindest mehr Möglichkeiten, dem Killer zu entkommen, bietet, wäre hier nur hinderlich. Im Giallo dagegen braucht es räumliche und zeitliche Rückzugsmöglichkeiten, damit dem bedeutenden Aspekt der Ermittlung Rechnung getragen werden kann.

6.1 Final Girl und Amateurdetektiv

Der oder die Amateurdetektiv/in im Giallo und das Final Girl des Slasherfilms haben eine ähnliche Rolle innerhalb der Genres: Clovers Beschreibung des Final Girls lässt sich fast eins zu eins auf den Charakter des Amateurdetektivs übertragen.[184] Beide werden von Beginn des Films an eingeführt und als Charakter entwickelt, so dass sie im Gegensatz zu den Opfern des Mörders eine gewisse psychologische Glaubwürdigkeit erlangen. Sie sind beide intelligent, aufmerksam ihrer Umgebung und ihren Mitmenschen gegenüber und haben einen Sinn für die Gefahr um sie herum. Meistens sind sie die einzigen, die aus den Morden ein Muster ableiten können und die den Mörder am Ende besiegen bzw. töten. Der Unterschied zwischen beiden besteht allerdings darin, dass der Zuschauer im Giallo mit Hilfe des Amateurdetektivs durch den Film geleitet (er ergreift die Initiative, indem er zum Beispiel Leute befragt, Orte der Vergangenheit des vermuteten Killers aufsucht, in Bibliotheken nachforscht etc.) und bis zur Auflösung (die meistens aus einem finalen Kampf zwischen Amateurdetektiv und Mörder besteht, den der erstere gewinnt) geführt wird. Im Slasherfilm ist dies – auch aufgrund der geringen Zeitspanne – nicht möglich. Hier konzentriert sich alles auf die Jagd des Killers bzw. das Entkommen vor dem Killer – und weil dies innerhalb von wenigen Stunden geschieht, ist die Frage nach der Aufklärung nebensächlich, es geht um das reine Überleben. Das Verhältnis zwischen Antagonist und Protagonist wird im Slasherfilm insofern umgekehrt, dass es hier der Mörder ist, der den aktiven Part übernimmt, der durch seine Morde den Fortgang des Films diktiert und den Zuschauer durch den Film führt. Das Final Girl nimmt zwar im Laufe des Films ebenfalls eine aktivere Rolle ein, tut dies jedoch nur aufgrund der Angriffe des Killers, sie wird also nur aktiv, um zu überleben und nicht, wie der Amateurdetektiv, aus freien Stücken.

---

[184] Vgl. beispielsweise Clover: Men, Women, and Chain Saws, S. 44 bzw. S. 48.

6.2 Identität und Maske

Die Killer sowohl im Slasherfilm als auch im Giallo sind häufig maskiert, so dass ihr ‚wahres' Gesicht nicht zu sehen ist. Im Giallo und in einem kleineren Teil der Slasherfilme hat dies – wie schon angesprochen – die Funktion, die Identität des Mörders sowohl den Charakteren im Film als auch dem Publikum zu verschleiern und sein Gesicht zu verdecken. Die Maske dient dem entsprechend zur Verkleidung und wird meistens durch andere Kleidungsstücke wie den Umhang, die schwarzen Handschuhe und den schwarzen Hut zu einer Art ‚Kostüm' ergänzt. Oft stellt sich nach der Auflösung heraus, dass der Killer ein Freund oder Angehöriger einer der Protagonisten war und mit den anderen Charakteren zwischenzeitlich auf eine ‚normale' Weise interagieren musste – daher auch die Notwendigkeit der vollständigen Kostümierung.[185] In den meisten der hier untersuchten Slasherfilme hingegen tragen die Killer (Jason, Freddy, Michael, Leatherface) zwar eine Maske, wollen damit aber nicht ihr wahres Gesicht verschleiern. Ihre Masken werden vielmehr zu Ikonen und Markenzeichen und dienen nicht der Verkleidung, sondern der Identitätsbildung. Es ist im Grunde egal, wie das Gesicht hinter der Maske aussieht oder ob sich nicht vielleicht der „horror vacui des Nichts"[186] dahinter verbirgt.[187] Der Horrorfilm leugnet sozusagen den Menschen hinter der Maske, die so zur Identität des Mörders wird. Einer personalen Interaktion ist er nicht zugänglich, er ist und bleibt – im Unterschied zum Giallo – in der Rolle des Mörders gefangen. „Die Maske ist die Legitimation der „Rolle", und diese wiederum ist die Projektion (das Abbild oder das Bild, das man sich macht) der Funktion."[188] Die Maske wird also zum Ersatz für die individuelle Identität, sie funktioniert als Erkennungszeichen und als ‚Marke', die Angst produziert und für Gewalt und Tod steht. Gleichzeitig verkörpert sie eine „allegorische Entleerung"[189] im Sinne Paul de Mans und seiner Lesart der rhetorischen Figur der ‚Prosopopöie': „prosopon-poiein bedeutet, ein Gesicht geben, und impliziert daher, daß das ursprüngliche Gesicht auch

---

[185] Durch eine solche Maskerade wird nicht nur das Gesicht, sondern auch das Geschlecht des Mörders verdeckt, was in vielen Gialli Spannung und einen Überraschungseffekt erzeugt, da der Mörder nicht selten weiblich ist, dies aber von keinem der Filmcharaktere in Betracht gezogen wird.

[186] Meteling: Monster, S. 87.

[187] In HALLOWEEN hebt Laurie in einem Moment der Bewusstlosigkeit Michaels seine Maske an und schaut in sein Gesicht. Was sie dort sieht, erfährt der Zuschauer nicht, es scheint sie jedoch nicht zu überraschen oder zu schockieren, noch scheint sie eine Erkenntnis daraus zu gewinnen – denn sie zeigt kaum eine Reaktion und die Handlung geht weiter wie zuvor. Dies unterstützt die These des entindividualisierten Monsters, dessen Maske seine einzige Identität bildet.

[188] Seeßlen/Weil: Kino des Phantastischen, S. 129.

[189] Meteling: Monster, S. 96.

fehlen kann oder gar nicht zu existieren braucht."[190] Leatherface aus THE TEXAS CHAINSAWMASSACRE beispielsweise hat tatsächlich keine eigene Identität – er wird sogar nach seiner Maske benannt, die er aus Menschenhaut gefertigt hat und immer trägt, wenn er Menschen tötet. Daneben hat er noch eine andere Maske, die einer grinsenden alten Frau ähnelt und die er dann trägt, wenn er im Haushalt arbeitet, kocht oder den Tisch deckt. Sein eigenes Gesicht sieht man nie – Leatherface verkörpert die Maske, die er jeweils trägt, vollständig. Unter den Masken der Killer im Slasherfilm verbirgt sich also keine andere, wahre 'Identität – sondern nur die Verkörperung einer unmotivierten Zerstörungswut,[191] die mit beliebigen Bedeutungen aufgeladen und interpretiert werden kann. Von psychoanalytischen über politische und zeitgeschichtliche bis hin zu postmodernen und nihilistischen Deutungen lässt der Killer des Slasherfilms alles zu und steht allen Ansätzen offen. Am Ende lässt sich die Motivation für die Morde kaum ausmachen und keinem der Ansätze zuordnen, was wiederum verdeutlicht, dass „die Morde allein um ihrer Zeigbarkeit inszeniert"[192] werden. Um der Inszenierung einen adäquaten Rahmen zu geben und ihr ein 'Gesicht' zu verleihen, kommt die Maske zum Einsatz, die keinen Menschen unter sich versteckt, sondern das personifizierte Böse repräsentiert.

6.3 Nummern und Spektakel

In Genrefilmen wie dem Giallo und dem Slasherfilm werden Morde nicht einfach still angedeutet, sondern ganz bewusst gezeigt und visualisiert. Die Angst in diesen Filmen wird generiert durch das Wissen um die nächste, brutale Hinrichtung und die zu erwartenden schockierenden Splatterszenen. Die Morde stehen daher für sich selbst und sind der wichtigste Teil des Films – sie werden wie der Hauptdarsteller auf einer Bühne ins Rampenlicht gerückt. In die Länge gezogen und stilistisch herausragend stellen sie ein Spektakel in sich selbst dar und funktionieren so als Modus der Unterhaltung. Die Narration wird hierbei an den Rand gedrängt und regelrecht fragmentiert durch die Mordnummern, die die Höhepunkte des Films bilden. Ob der Plot nun sehr komplex wie in den meisten Gialli oder sehr einfach wie in den meisten Slasherfilmen ist, macht

---

[190] Paul de Man: Hypogramm und Inschrift. In: Anselm Haverkamp (Hg.): Die paradoxe Metapher. Frankfurt a.M. 1998, S. 375-413, S. 403.
[191] Vgl. Jones: Horror, S. 115.
[192] Meteling: Monster, S. 97.

am Ende kaum einen Unterschied – er fungiert lediglich als Rahmen, durch den die zahlreichen Spektakel von Sex und Gewalt lose zusammengehalten werden.

> Splatter films are gore for stability's sake. The only surety in the fragmented narrative comes from "being ready for anything," both visually and narratively. And the only viewer expectation that is guaranteed fulfillment is the anticipation of gory depictions of violence.[193]

Der Film kann durch diese Gewalteinschübe nicht mehr als geschlossene Struktur wahrgenommen werden, da der Realitätsrahmen gesprengt und die Narration im Sinne einer kohärenten Dramaturgie zunehmend aufgelöst wird. Statt einer rahmenbildenden Sequenz folgt auf eine Gewaltszene gleich die nächste, die nur gering variiert wird. Kristin Thompson benutzt den Begriff des „Exzess", um solche Elemente eines Films zu beschreiben, die keine Funktionen für die Narration tragen. Derartige „Exzesse" gehen gegen die Einheit des Werkes an und zerstören seine Form, indem sie das Maß des Nötigen überschreiten.[194]

Die Praxis der starken Hervorhebung der Gewaltszenen als Spektakel und die Unterbrechung der Narration erinnert stark an den Pornofilm: „Der pornographische Film besteht aus sexuellen Handlungen innerhalb und in Form einer Erzählung."[195] Die filmischen Konventionen des Porno-Genres bestehen in dem Zusammenhang verschiedener, mehr oder weniger für sich gestellter Sexnummern und ihrer Beziehung zur Narration.[196] Auch wenn Linda Williams diesen Nummern eine Beförderung der Handlung zuspricht und sie nicht als „dürftige[n] Vorwand für die Sex-Nummern"[197] sieht, bleibt dennoch zu bezweifeln, ob die Narration ohne die Sexepisoden tragfähig wäre. Außer den Aufbau der Struktur haben Giallo und Slasherfilm mit dem Pornofilm auch noch die Ästhetik gemein, denn sie alle basieren auf dem Prinzip der maximalen Sichtbarkeit des Körpers. Beim pornographischen Film bestehen die wichtigsten Sequenzen aus Sexszenen und Nahaufnahmen von Geschlechtsorganen und Körperöffnungen, den sogenannten ‚Meat Shots' oder ‚Money Shots'.[198] Meteling schlägt vor, die Mordszenen und Detailaufnahmen von Wunden und verletzten Körperstellen in Giallo und Slasherfilm parallel zu den Begriffen im Porno als ‚Wound

[193] Michael A Arnzen: Who's laughing now? The postmodern splatter film. In: Journal of Popular Film and Television, Ausg. 21 Nr. 4, Winter 1994, S. 176-184, S. 178.
[194] Vgl. Kristin Thompson: The Concept of Cinematic Excess. In: Dies.: Ivan the Terrible – A Neoformalist Analysis. Princeton 1981, S. 287–302, S. 290f.
[195] Linda Williams: Hard Core – Macht, Lust und die Traditionen des pornographischen Films. Basel/Frankfurt a. M. 1995, S. 166.
[196] Vgl. Meteling: Monster, S. 99.
[197] Williams: HardCore, S. 181.
[198] Vgl. Meteling: Monster, S. 100.

Shot' zubezeichnen.[199] Der Unterschied zwischen beiden besteht allerdings darin, dass hier keine natürlichen, sondern durch brutale Gewalt geschaffene Körperöffnungen zu sehen sind, die fast schon mit medizinischer Genauigkeit durch die Kamera festgehalten werden. Viele Gialli überbieten die Slasherfilme noch in der dokumentarischen Erforschung der Reaktionen des Körpers auf Messer, Rasierklingen, Scheren etc. Argento hält mit der Kamera mehr als einmal Dinge fest, die man in der Realität so unmöglich sehen könnte, wie beispielsweise die Einstiche in Bettys Herz in SUSPIRIA, die von innen gezeigt werden oder die Enthauptung durch eine zerbrochene Windschutzscheibe in Zeitlupe in Argentos PHENOMENA von 1985. „This is a kind of ‚realism‘ which many would characterize as ‚pornographic‘, an ultraviolent ‚frenzy of the visible‘."[200]

Es ist also eine Verschiebung in der Ästhetik und der Narration des modernen Horrorfilms wie dem Giallo und dem Slasher gegenüber dem klassischen Horrorfilm festzustellen, die in Richtung einer zusammenhanglosen Nummern-Revue ähnlich wie im pornographischen Film geht. „Visions of monsters and then behavior or scenes of exaggerated violence are the numbers in horror: what the audience goes to the film for and expects, what delivers the thrills they want to experience."[201] Dies zeigt einen wichtigen Aspekt auf, der ebenfalls eine große Rolle bei der Betrachtung dieser Entwicklung des modernen Horrorfilms spielt: die Rezeptionsweise des Publikums, die sich – wiederum ähnlich wie im Pornofilm – mehr und mehr in Richtung Stellenlektüre verschiebt. Durch technische Entwicklungen wie Videorecorder und DVD-Player werden Horrorfilme zunehmend im eigenen Heim rezipiert, was diese neue Kategorie der Filmbetrachtung begünstigt. So wird der Kitzel einzelner Filmszenen hinsichtlich der Machart und Glaubhaftigkeit der Gewaltdarstellung bewertet; gleichzeitig findet eine quantitative Wertung des Films durch das Abzählen der Mordszenen statt (hierauf spielt auch Cunninghams Trailer für FRIDAY THE 13TH mit der Strichliste an). Die Gesamtheit des Films in seiner kontinuierlich fortlaufenden Narration und geschlossenen Dramaturgie wird durch eine Stellenlektüre ersetzt, die nur funktioniert, weil der Zuschauer die Regeln des Genres kennt und weiß, dass es im Giallo und Slasherfilm um die herausgestellten Gewaltszenen geht und dass diese nach dem

---

[199] Vgl. ebd.
[200] Hunt: A (sadistic) Night at the *Opera*, S. 333.
[201] Cynthia A. Freeland: The Naked and the Undead – Evil and the Appeal of Horror. Boulder, Colorado/Oxford 2000, S. 256.

Schema der Wiederholung funktionieren.[202] Bestimmte spätere Slasherfilme wie Cravens SCREAM (1996) gehen auch selbstreflexiv auf diese neue „Kulturtechnik der Filmbetrachtung"[203] ein, indem sie intertextuelle Bezüge zu ihren Vorgängern in den 70er Jahren herstellen und mit den ‚Regeln' des Genres spielen: Casey, das erste Opfer des Films, muss dem Killer am Telefon Fragen wie „Who was the killer in FRIDAY THE 13TH?" beantworten und stirbt, weil sie die Antwort nicht weiß. Später schauen sich die Jugendlichen auf einer Party HALLOWEEN an und stoppen den Film an einer Mordszene – während Randy, der Horrorfilmexperte, den anderen die Regeln der Slasherfilme erklärt, die man einhalten muss, um nicht zu sterben (die Ironie besteht hierdarin, dass hinter ihrem Rücken die meisten der Partygäste ermordet werden, weil sie genau diese Regeln – wie nicht allein irgendwohin gehen – nicht einhalten). In John McNaughtons Film HENRY: PORTRAIT OF A SERIAL KILLER schaut sich Henry seine Tat, die Ermordung einer dreiköpfigen Familie, danach noch einmal auf Video an und spult schließlich zurück, um die Mordszene noch einmal in Zeitlupe zu betrachten.

Filmgenres wie der Slasherfilm und der Giallo sind für ein bestimmtes Publikum gemacht, für ein Publikum, das primär an der Quantität von Sex, Gewalt und Gore im Film interessiert ist.[204] Daher ist es wichtig, die Filme auch als das zu sehen, was sie sind: als adäquate Unterhaltung, Exploitation, die darauf ausgerichtet sind, ihrem Publikum einen Nervenkitzel zu bieten. Jonathan Rosenbaum schreibt in seiner Kritik über Sergio Martinos I CORPI PRESENTANO TRACCE DI VIOLENZA CARNALE (1973):

> This well-dubbed, lightweight horror opus supplies us with everything that it thinks we need: pretty girls in various states of dress and undress, a steel guitar on the soundtrack to establish menace, [...] tastefully elliptical dismemberments and mutilation of body parts [...], a gratuitous lesbian sequence, and enough red herrings to keep a German restaurant in business for a week.[205]

So sieht das Publikum den Film nicht als dramaturgisch geschlossenes Ganzes, sondern als Bewegung von einer Gewalt- oder Sexszene zur nächsten, bei der der Plot nur als Zwischenspiel dient, das die einzelnen Sequenzen lose zusammenhält. Dies ist im Giallo noch viel deutlicher ausgeprägt als im Slasherfilm, der noch etwas stärker

---

[202] Vlg. Meteling: Monster, S. 103.
[203] Ebd.
[204] Die Filmkritikerin Pauline Kael beschreibt ihre Eindrücke im Kinosaal, als sie sich in San Francisco George Franjus LES YEUX SANS VISAGE (1959) ansieht, folgendermaßen: „The audience which was, I´d judge, predominantly between fifteen and twenty-five, and at least a third feminine, was as pleased and excited by the most revolting, obsessive images as that older, mostly male audience is when the nudes appear in *The Immoral Mr. Teas* or *Not Tonight, Henry*. They'd gotten what they came for: they hadn't been cheated. But nobody seemed to care what the movie was about or be interested in the logic of the plot—the reasons for the gore." Pauline Kael: Are Movies Going to Pieces? In: Atlantic Monthly, November 1964. Online: http://www.theatlantic.com/doc/196411/pauline-kael (Zugriff 07.02.2008)
[205] Jonathan Rosenbaum: Torso. In: Monthly Film Bulletin, Ausgabe 42, Nummer 497, Juni 1975, S. 132.

charakterbasiert ist (zumindest das Final Girls bietet sich als Identifikationsfigur und Sympathieträgerin an) und meist auch von einem nachvollziehbaren, wenn auch dünnen Plot vorangetrieben wird.

Die set-pieces im Slasherfilm und vor allem im Giallo sind primär dazu da, um die Aufmerksamkeit des Publikums (wieder) zu erlangen: „They [the audience, Anm. d. Verf.] were so noisy the dialogue was inaudible; they talked until the screen gave promise of bloody ghastliness."[206] Aber neben der Eigenschaft, das Interesse des Publikums auf den Film zu lenken, haben die set-pieces auch noch andere wichtige Funktionen: sie entfalten und erweitern die Narration, treiben den Plot voran und bilden so doch wieder einen Teil der Struktur des Films; sie erzeugen die zentralen emotionalen und kognitiven Effekte des Films wie Angst, Grauen, Schock, Empathie sowie das Erkennen des Bösen bzw. des Monsters; und schließlich bereiten sie ein gewisses ästhetisches Vergnügen, das aus der Genrekenntnis des Publikums sowie aus dem Spiel mit Genrekonventionen generiert wird.[207] Koven teilt die set-pieces in verschiedene Kategorien auf, die jeweils ihren ganz eigenen Stil haben und verschiedene Effekte auslösen: „the suspense sequence, the sex sequence, the violence sequence, and the murder sequence."[208] Ihnen gemeinsam ist, dass die narrative Information, die sie transportieren, dem visuellen Vergnügen, das sie bereiten, untergeordnet ist.[209] Bild, Ton, Licht, Spezialeffekte und Montage werden hier oft perfekt aufeinander abgestimmt, so dass vielen der Mordszenen – vor allem im Giallo – eine gewisse Poesie oder zumindest eine sehr gut aufeinander abgestimmte Symbiose der einzelnen Elemente, von der man außerhalb der set-pieces nichts merkt, nicht abgesprochen werden kann. Hier demonstrieren die Filmemacher ihr Können, ihre technischen Fähigkeiten, da sie sicher sein können, die volle Aufmerksamkeit des Publikums zu haben.[210] So werden diese Sequenzen zu einer Art Film im Film und stehen für sich selbst.

---

[206] Pauline Kael: Are Movies Going to Pieces?
[207] Vgl. Freeland: The Naked and the Undead, S. 257.
[208] Koven: La Dolce Morte, S. 127.
[209] Vgl. ebd.
[210] Hunt: A (sadistic) Night at the *Opera*, S. 330.

6.4 Low Culture

In der heutigen Zeit der Postmoderne oder auch Nach-Postmoderne[211] wird häufig proklamiert, dass die einst undurchlässigen Grenzen zwischen High Culture und Low Culture oder Hochkultur und Alltags-/Massenkultur endgültig durchlässig geworden und größtenteils aufgelöst sind. „The art world now routinely borrows from low culture; and many low cultural forms have in turn been 'recovered' and given some kind of social approval."[212] Dies gilt sicher auch für den Horrorfilm – wie man etwa an der zunehmenden wissenschaftlichen Beachtung und Diskussion, die ihm widerfährt, sehen kann. Dennoch scheinen die Grenzen manchmal geradezu unüberbrückbar und alles andere als durchlässig. Gerade in den späten 60ern und 70er Jahren, zur Hochzeit des Slasherfilms und auch des Giallos, heben sich die zahlreichen Low Budget-Horrorfilme durch den zur Schau gestellten ,bad taste' deutlich von den teuren, sauber produzierten Hollywood-Produktionen ab und genießen diese oft verhöhnte Randposition auch.[213] Allein das geringe Budget macht die Filme dieser Genres zu B-Movies, denn in kaum einer anderen Kunstrichtung hat die Frage nach dem Budget einen so direkten Einfluss darauf, was im Produkt selber möglich und realisierbar ist, wie im Kino.[214] B-Movies sind meist recht formelhafte Genrefilme, die – oftmals auch ohne Produktionsfirma – schnell und mit meist unbekannten Schauspielern oder sogar Laien gedreht werden. Der Begriff des B-Movie bezieht sich also nicht nur auf den Dreh mit geringem Budget, sondern „mitgemeint war von Anfang an auch die Zugehörigkeit dieser B-Pictures zu einer "niederen", minderwertigen Form des Kinos, und zwar sowohl hinsichtlich der Themen wie auch der filmischen Ästhetik."[215] Durch die auf Schockreaktionen ausgerichteten Spezialeffekte mit grellem Kunstblut, die exzessiven Akte der Gewalt und der Zerstörung des menschlichen Körpers, durch Exploitation und ,Sexploitation' wird schnell deutlich, dass Horrorgenres wie der Giallo und der Slasherfilm zu den

---

[211] Zur aktuellen Diskussion vgl. beispielsweise Joan Hawkins' „Cutting Edge", in dem sie die Gemeinsamkeiten von High und Low Culture-Filmen herausstellt und argumentiert, dass Fanmagazine durch ihre andere Betrachtungsweise einen Aspekt des Kunst-Kinos beleuchten, der normalerweise übersehen wird in der kulturellen Analyse – „namely, the degree to which high culture trades on the same images, tropes, and themes that characterize low culture." Joan Hawkins: Cutting Edge- Art-Horror and the Horrific Avant–Garde. Minneapolis/London 2000, S. 3.
[212] Ken Gelder: Introduction to Part Ten: Fans´ Notes– The Horror Film Fanzine. In: Ders. (Hg.): The Horror Reader, S. 311-313, S. 311.
[213] Ebd.
[214] Vgl. Corina Caduff et al.: *High Art, Low Culture:* Stanley Kubricks *Eyes Wide Shut* (1999) als Grenzphänomen zwischen Hoch- und Alltagskultur. In: TRANS. Internet-Zeitschrift für Kulturwissenschaften. Nr. 16, 2005.
Online: http://www.inst.at/trans/16Nr/09_1/caduff_fink_keller_schmidt16.htm (Zugriff: 09.02.2008).
[215] Ebd.

intellektuell eher anspruchslosen, zu den ‚lowbrow'-Genres gehören, die am unteren Ende des Marktes ihren Platz verteidigen. Der Begriff ‚Exploitation' ist eine abschätzige Bezeichnung für Filme, die immer schon gewisse Bedingungen mit sich tragen: „minimal production values, "sensational" selling campaigns and widespread saturation booking aimed at specific markets (predominantly the youth/drive-in audience generally uninterested in critical reviews), all in the interest of making a fast buck."[216] Der unverhohlene Kommerzialismus der Exploitation-Filme zusammen mit ihrer Aura des Reißerischen und des ‚Trash' trägt sicher wesentlich dazu bei, dass sie der ernsthaften kritischen Aufmerksamkeit als unwürdig erachtet werden.[217] Oftmals sind daher sogenannte ‚Fanzines', also Fanmagazine, der einzige Ort, an dem Filmen wie dem Slasherfilm und vor allem dem Giallo die ihnen gebührende Aufmerksamkeit zukommt und halbwegs ernsthafte Diskussionen entstehen. Die Werke Bavas wurden erst durch Artikel in Magazinen wie *Shock Express* oder *Spaghetti Cinema* einem breiteren Publikum bekannt – sie trugen dazu bei, das Interesse an seinen Filmen maßgeblich zu steigern.[218] Auch die visuell so exzessiven Arbeiten von Argento wurden regelrecht gefeiert in Fanmagazinen wie *Blood Times*, *Wet Paint* oder dem britischen *Samhain*. Allerdings müssen viele Fanzine-Artikel distanziert betrachtet werden, denn während Exploitation-Filme von der ‚seriösen' Filmkritik meist völlig ignoriert werden, distanzieren sich auch die Fanzines radikal von kommerziellen Horrorproduktionen und erklären Low Budget-Horror zum Maß des „guten" und „echten" Horrors. Je blutiger und abstoßender die Mord- und Folterszenen, desto höher werden die Filme gelobt, manchmal regelrecht verherrlicht – damit tragen die Magazine wenig dazu bei, dass solche Genres ernster genommen werden. Nur allzu selten werden Fragen wie die des Herausgebers des *Ecco*-Magazins Charles Kilgore aufgeworfen: „Where in the nether-world of exploitation does freedom of expression end and the necessity for social responsibility begin […] is it possible to advocate cinematic celebrations of human depravity and cruelty in a socially responsible manner?"[219]

Auch die Umgebung, in der Filme gezeigt und rezipiert werden, ist wichtig für ihre Wahrnehmung und spiegelt nicht selten ihren ‚Status' wider. Slasherfilme liefen in den USA überwiegend in sogenannten Grindhouses, kleineren Kinos, die es hauptsächlich

---

[216] Pam Cook: The Art of Exploitation or How to Get into the Movies. In: Monthly Film Bulletin, Ausgabe 52, Februar 1985, S. 367-369, S. 367.
[217] Vgl. ebd.
[218] Vgl. Sanjek: Fans' Notes, S. 321.
[219] Ebd.

in den 60er und 70er Jahren gab und die auf B-Movies spezialisiert waren. Meistens zeigten sie Doppelvorstellungen zu dem Preis von einem Film. Außerdem wurden die Slasherfilme in Drive-In-Kinos gezeigt, wo sie Seite an Seite mit Sexfilmen und „macho action flicks"[220] liefen. In Italien ist es ähnlich: Wagstaff unterscheidet drei ‚Klassen' des Kinos. Zunächst gibt es die ‚primavisione'-Kinos in den Städten Italiens, in denen die Filme zum ersten Mal aufgeführt werden und die Eintrittspreise hoch sind; dann gibt es die ‚secondavisione'-Säle, in denen die Filme später anlaufen und kürzere Spielzeiten haben und schließlich die ‚terzavisione'-Häuser, die meistens in ländlichen oder industriell geprägten Gegenden zu finden sind.[221] Hier laufen die meisten der großen Produktionen erst gar nicht mehr an. Da die Nachfrage nach Filmen aber trotzdem da ist, laufen die billig und schnell produzierten Exploitation-Filme oft nur dort.

Der Hauptunterschied zwischen Grindhouse bzw. Drive Ins, terza visione-Kinos und den anderen Kinos, die A-Movies und Mainstream-Produktionen zeigen, besteht in der Rezeptionsweise der Filme. Der Film an sich und der Inhalt des Films sind weniger wichtig, es geht mehr um soziale Interaktion, um ‚going to the movies', Dating, Unterhaltung usw.[222] Wagstaff vergleicht den Zuschauer von terza visione-Filmen mit dem Fernseh-Zuschauer, dessen Rezeptionsweise ähnlich unstet ist:

> The programme changed daily or every other day. He [the viewer] would not bother to find out what was showing,[223] nor would he make any particular effort to arrive at the beginning of the film. He would talk to his friends during the showing whenever he felt like it, except during the bits of the film that grabbed his (or his friends') attention [...]. People would be coming and going and changing seats throughout the performance.[224]

Die Rezeption der Slasherfilme in den USA kommt Wagstaffs Beschreibung sehr nahe, wie man an Pauline Kaels Erfahrungen bei LES YEUX SANS VISAGE (s.o.) oder auch an Dikas Darstellung sehen kann: „the audience does not merely ‚root' for the ‚home team' (the hero) in silence; instead, it behaves boisterously. It cheers, hoots, and encourages the events on screen, and it does so as a group."[225]

[220] Morris Dickstein: The Aesthetics of Fright. In: Grant: Planks of Reason, a.a.O., S. 65-78, S. 74.
[221] Vgl. Christopher Wagstaff: A Forkful of Westerns–Industry, Audiences and the Italian Western. In: Richard Dyer, Ginette Vincendeau (Hg.): Popular European Cinema. Routledge, London 1992, S. 245-261, S. 247.
[222] Vgl. Koven: La Dolce Morte, S. 27.
[223] Dies und der häufige Wechsel der Filme zeigt die Tendenz des Exploitation-Kinos zur Kurzlebigkeit. Auch der whodunit-Aspekt im Giallo trägt hier zu bei, denn wenn man einmal weiß, wer der Mörder ist, verliert der Film viel von seiner Attraktivität und Spannung.
[224] Wagstaff: A Forkful of Westerns, S. 247.
[225] Dika: Games of Terror, S. 17.

Giallo und Slasherfilm sind keine Kunst-Filme – sie gehören zur unteren Schicht der Populärkultur, sind lowbrow und Low Culture in ihrem Marketing, ihrer Rezeption und Produktion.

6.4.1 Camp

Entsprechend der Zuordnung des Giallos und des Slasherfilms zur Populär- und Massenkultur ändert sich – wie in Kap. 6.4 gesehen – auch die Rezeptionsweise der Filme im Vergleich zur ‚High-Art'. Die Stellenlektüre einzelner Filmszenen ersetzt die geschlossene Dramaturgie. Der Zuschauer wird durch eine ständige Wiederholungslektüre – ermöglicht durch die heimische Video- bzw. DVD-Sammlung – zum Fachmann und Kenner, zum „dandyhafte[n] Aficionado".[226] Er kennt den Stil der einzelnen Regisseure, er kennt die Machart und die Anzahl der Gewaltnummern in einem Film, kann sie einschätzen, beurteilen und – was am wichtigsten ist – wertschätzen. Es geht dem ‚Dandy' um den Stil und um die Inszenierung der Spektakel im Sinne des von Susan Sontag geprägten Begriffs des ‚Camp'[227]: „Camp ist eine Betrachtung der Welt unter dem Gesichtspunkt des Stils – eines besonderen Stils freilich. Es ist die Liebe zum Übertriebenen, zum ‚Übergeschnappten' [...]."[228] Bei der Camp-Betrachtungsweise wird die Welt in ihrer Ästhetik gesehen. Ästhetik ist jedoch nicht gleichgesetzt mit Schönheit, sondern mit Stilisierung und Künstlichkeit.[229] Es geht also nicht um den Inhalt einer Sache, sondern um ihr Äußeres, um ihren Stil und den Grad ihrer Inszenierung. Mit Camp verbindet man Begriffe wie Künstlichkeit,

---

[226] Meteling: Monster, S. 103.
[227] Die etymologische Herkunft und Bedeutung des Begriffs ‚Camp' sind nicht eindeutig geklärt. Es wird davon ausgegangen, dass sich das Wort entweder aus dem Französischen von ‚se camper' (darstellen) oder aus dem italienischen ‚campeggiare' (auffallen, hervorstechen) ableitet. Allerdings gibt es auch andere Vermutungen, die den Begriff etwa einem Schauspieler aus dem 18. Jahrhundert mit dem Namen Josiah Camp oder der Schwulenszene zuordnen (KAMP als Akronym für ‚Known As Male Prostitute'). Vgl. Fabio Cleto: Introduction: Queering The Camp. In: Ders. (Hg.): Camp: Queer Aesthetics and the performing subject- A Reader. Michigan 1999, S. 10-39, S. 29.
Ebenso wenig gibt es eine eindeutige Definition von Camp oder zumindest einen Konsens darüber, was Camp ausmacht, was dazu gezählt werden darf und was nicht, wie es entstanden sein muss etc. Cleto bietet hierzu in seiner Einleitung einen guten Überblick und zieht folgendes Fazit: „Only the gallery hairdressers would know, I guess." Cleto: Introduction: Queering The Camp, S. 27. Deshalb orientiert sich die Verfasserin im Folgenden hauptsächlich an Susan Sontags den Diskurs prägenden Thesen aus dem Essay „Anmerkungen zu ‚Camp'". Spielarten bzw. verschiedene Ausprägungen von Camp wie Christopher Isherwoods ‚high' vs. ‚low camp' oder Babuscios ‚camp' vs. ‚straight camp' bleiben hierbei unberücksichtigt. Vgl. Cleto: Introduction, S. 23.
[228] Susan Sontag: Anmerkungen zu ‚Camp' [1964]. In: Dies.: Kunst und Antikunst – 24 literarische Analysen. Frankfurt a. M. 2003, S. 322-341, S. 326.
[229] Ebd., S. 325.

Stilisierung, Theatralität, Urbanität, Naivität, sexuelle Ambiguität,[230] Trash, Extravaganz, Geschmacklosigkeit usw. Unter anderem werden Fanzines, klassisches Ballett, die Queen Mother, Greta Garbo, Verdi, Opern oder Frauenkleider der 20er Jahre dazugezählt.[231]

> In film, the aesthetic element in camp further implies a movement away from contemporary concerns into realms of exotic or subjective fantasies; [...] an emphasis on sensuous surfaces, textures, imagery, and the evocation of mood as stylistic devices – not simply because they are appropriate to the plot, but as fascinating in themselves.[232]

Auf die Gialli trifft diese Beschreibung vollkommen zu: das Äußere und der Stil rücken in den Vordergrund und der Plot wird zweitrangig. Gefühle wie Angst oder Bedrohung werden durch stilistische Merkmale wie Beleuchtung und Soundtrack extrem hervorgehoben und betont. Nicht selten werden auch die Identität und Persönlichkeit eines Charakters eher durch Äußerlichkeiten wie Kleidung und Dekor als durch die Person selbst dargestellt.[233] „In terms of style, it [camp] signifies performance rather than existence."[234] So verlagert sich auch der Fokus bei den Morden im Giallo weg von dem Akt der Tötung selbst und hin zu der Performance, der Ausführung der Tat in ihren zahlreichen, aufwendigen Variationen.

Die Betrachtungsweise des Camp bedeutet „einen guten Geschmack des schlechten Geschmacks"[235] und in Bezug auf den Giallo eine Anerkennung der Ästhetik und des Stils der Filme. Begriffe der ‚High-Art' wie Ernsthaftigkeit, Kultur, Schönheit oder Wahrheit sind hier fehl am Platze.

---

[230] Im Giallo kommt es häufig zu einer Verwechslung oder Verwirrung der Geschlechter bzw. Geschlechterrollen. Der Mörder ist z.B. oftmals weiblich, wird jedoch aufgrund seiner Kostümierung und vor allem seines Verhaltens (phallische Tötungsakte, voyeuristisches Beobachten weiblicher Nacktheit) für männlich gehalten. In Profondo Rosso ist der Hauptverdächtige Carlo homosexuell und alles deutet darauf hin, dass er die Morde aufgrund der fehlenden Anerkennung seines Vaters und dessen Versuchen, aus Carlo einen „normalen" – im Sinne von heterosexuellen – Mann zu machen, begangen hat. Die verkehrten ödipalen Strukturen und sexuellen Ambiguitäten verdichten sich zu einem unüberschaubaren Wirrwarr, als sich herausstellt, dass nicht Carlo, sondern seine Mutter die Morde beging. Mehr zum Thema Homosexualität und Camp sowie Homosexualität im Film vgl. Jack Babuscio: The Cinema of Camp (aka Camp and the Gay Sensibility). In: Cleto: Camp: Queer Aesthetics and the performing subject - A Reader. A.a.O., S. 117-135.
[231] Vgl. etwa Sontag: Anmerkung en zu Camp, S. 325.
[232] Babuscio: The Cinema of Camp, S. 121.
[233] So z.B. in Sei Donne per l´assassino, wo die Models keine eigene Identität zu besitzen scheinen und austauschbar werden, solange sie nicht in einem Designerkleid über den Catwalk laufen.
[234] Babuscio: The Cinema of Camp, S. 122.
[235] Sontag: Anmerkung en zu Camp, S. 340.

7. Ausblick

Nachdem das Genre des Slasherfilms Anfang der 80er Jahren seinen Höhepunkt in den USA mit zahllosen Sequels und Nachahmungen der bereits erfolgreichen Filme erreichte, wurden langsam der Verschleiß und die Erschöpfung des Genres deutlich. Die bewährten Genreformeln wurden nur noch wiederholt und höchstens noch in der Menge an Blut und Gore variiert. Auch der Giallo verlor in den 80ern langsam an Bedeutung in Italien, obwohl Dario Argento und vereinzelt auch andere Filmemacher bis heute Gialli machen. Diese werden aber größtenteils nur in Italien auf den Markt gebracht, wo sie zwar durchaus erfolgreich, aber eben keinem internationalen Publikum zugänglich sind.

Um in den USA wieder ein neues Interesse beim Publikum zu wecken, bedurfte es einer anderen Herangehensweise an die Thematik – einer parodistischen Übertreibung und selbstironischen Auseinandersetzung mit den Vorgängern und den daraus hervorgegangenen Genreregeln des Slasherfilms. Peter Jacksons BRAINDEAD (1992) sorgte durch seine übermäßigen Splatterexzesse für einen comicartigen Effekt und Wes Cravens SCREAM-Trilogie vermischte klassische Slasherelemente mit ironischer Selbstreferentialität, die an jeder Stelle des Films die Unterschiede zu den Vorgängern deutlich machte.[236] SCREAM wurde zum Publikumserfolg und löste eine neue Welle von Slasherfilmen aus (etwa Jim Gillespies I KNOW WHAT YOU DID LAST SUMMER von 1997 oder Jamie Blanks' URBAN LEGEND von 1998), die auch eine neue Zuschauergeneration und ein breiteres Publikum begeisterte. Die Unterschiede zum Slasherfilm der 70er und 80er Jahre bestanden vor allem in dem erhöhten Produktionsbudget, das eine bessere Qualität der Filme garantierte und die Verpflichtung bekannterer Schauspieler ermöglichte. Außerdem wurden die Filmcharaktere besser entwickelt und so glaubwürdiger gemacht, was ebenfalls zum Erfolg der Filme beitrug. Dennoch etablierten sich die neuen, selbstreflexiven Slasherfilme nicht dauerhaft bzw. verloren für das Publikum an Reiz. Das Horrorgenre entwickelte sich zum Ende des 20. Jahrhunderts dann in eine andere Richtung bzw. in zwei unterschiedliche Richtungen: die Erste tendierte zu einem fast vollständigen Verzicht auf Splatterelemente und Gore. Stattdessen setzte sie – wie der klassische

---

[236] Craven bricht im Verlauf der Filmhandlung alle Regeln des Genres und erfüllt sie zugleich. Er zitiert Stereotypen wie den maskierten und traumatisierten Killer oder die sexuell aktiven Jugendlichen und bewertet sie gleichzeitig völlig neu, indem er sie ironisch bricht und so die Genre-Mythologie desillusioniert. Eine kompakte Analyse des postmodernen Slasherfilms bietet Todd F. Tietchen: Samples and copycats: the cultural implications of the postmodern slasher in contemporary American film. In: Journal of Popular Film and Television, Ausg. 26 Nr. 3, Herbst 1998, S. 98-107.

Horrorfilm – auf Angsterzeugung durch Atmosphäre und Suspense. So gelang beispielsweise mit der Fake-Dokumentation zweier Film-Studenten – BLAIR WITCH PROJECT[237] – ein Überraschungserfolg, der völlig ohne sichtbare Gewaltdarstellung auskommt. Andere Horrorfilme wie Hideo Nakatas RINGU (1998), M. Night Shyamalans THE SIXTH SENSE (1999) oder Alejandro Amenábars THE OTHERS (2001) beschäftigten sich mehr mit übernatürlichen Phänomenen. Aber auch sie gebrauchten keinerlei Splatterszenen und erzeugten Angst durch unheimliche Geschehnisse, Settings etc.

Die zweite Richtung orientiert sich dagegen wieder an den Exploitation-Filmen der 70er Jahre und legt ihren Fokus ganz klar auf Splatter- und Gore-Szenarien. In vieler Hinsicht wird die graphische Gewaltdarstellung gegenüber den Slasherfilmen und den Gialli der 70er und 80er Jahre noch gesteigert und wirkt realer, was durch die Weiterentwicklung der technischen Möglichkeiten natürlich mit bedingt wird. Andererseits erhält jedoch auch eine neue Ernsthaftigkeit Einzug in den Horrorfilm. In den alten Slasherfilmen entstand durch schlecht dargestellte und entwickelte Charaktere, übertrieben grelles Kunstblut, die Low Budget-Bedingungen beim Dreh und evtl. politische Hintergründe eine gewisse Distanz zum Film,[238] die teilweise sicher auch beabsichtigt war. Die selbstreflexiven Slasherfilme der 90er Jahre bewegten sich sogar auf einer Art Meta-Ebene und spielten mit den Genrekonventionen ihrer Vorgänger – so entstanden Filme, die das Genre und sich selbst mit einem Augenzwinkern betrachteten und dies auch zum Ausdruck brachten.[239] Die neuen und neuesten Horrorfilme dagegen nehmen sich selbst wieder sehr ernst – es geht ihnen nicht mehr nur darum, die Zuschauer mit Bildern auf der Leinwand zu schockieren. Vielmehr haben sie häufig einen pseudo-politischen Anspruch, die Menschen durch täuschend echt dargestellte Folterszenen und tödliche Psychospiele wachzurütteln und auf Missstände aufmerksam zu machen: Eli Roth etwa begründet die sadistischen Mordszenen in seinem Film HOSTEL mit der Ignoranz seiner Landsleute gegenüber anderen Kulturen, dem Irakkrieg und den Folterskandalen in Abu Ghraib.[240]

---

[237] 1999, Regie: Daniel Myrick, Eduardo Sánchez.

[238] Diese Distanz äußerte sich beispielsweise durch Gelächter des Publikums bei brutalen Szenen.

[239] SCREAM 2 z.B. beginnt mit einem Film im Film, nämlich der der Verfilmung der Ereignisse aus SCREAM. Im Zentrum der Handlung stehen diesmal die ‚Regeln' von Fortsetzungen, nach denen sich die Täter richten und die im Film parodiert werden. Die im Film benannte Regel, dass Sequels per se minderwertige Filme seien, verdeutlicht die selbstironische Haltung der Filmemacher Kevin Williamson und Wes Craven, die mit diesem Film selbst ein Sequel produzierten.

[240] Vgl. David Kleingers: Massaker im Multiplex. In: SpiegelOnline, 25.04.2006.

Der Filmkritiker David Edelstein prägte die Bezeichnung ,Torture Porn'[241] für diese neuen Horrorfilme, zu denen u.a. auch James Wans SAW (2004) und dessen Sequels oder Alexandre Ajas HAUTE TENSION (2003) und sein Remake von Cravens THE HILLS HAVE EYES (2006) gezählt werden. Diese Filme legen ihre Betonung auf die Darstellung von Folter, Leiden und gewaltsamer Todesszenen. Was aber das wirklich Neue an diesen Horrorfilmen ausmacht, sind nicht unbedingt die Gewaltszenen, mit denen in Trailern und auf Plakaten reißerisch geworben wird. Vielmehr ist es ihre Zuordnung zu den Mainstream-Hollywoodfilmen, die mit hohen Produktionskosten sowie technisch perfekten Spezialeffekten aufwarten und Gewinne in dreistelliger Millionenhöhe einspielen. Sie laufen in den Multiplex-Kinos der – zumindest westlichen – Welt und werden teuer vermarktet – somit sind sie einem sehr breiten, internationalen Publikum zugänglich. „Aus den Schmuddelecken der Videotheken wurde die brutale Ikonografie des Siebziger- und Achtziger-Jahre-Horrors in den Mainstream des 21. Jahrhunderts gespült, was hartgesottene Genre-Exegeten ebenso beschäftigt wie besorgte Medienwächter."[242] Die Debatten über Gewalt im Film und speziell im Horrorfilm, die Produktionen wie HOSTEL etc. auslösten, sind nicht neu, es gibt sie seit den Anfängen des Genres. Vom Standpunkt der Genretheorie aus gesehen war die Zeit wohl reif für eine neue Art von Exploitation-Filmen, die die bisherigen Grenzen noch einmal überschreiten und neu ausloten.[243] Genau wie der Slasherfilm und der Giallo wird auch dieses neue Subgenre seinen Höhepunkt erreichen und dann seinen Zenit überschreiten und an Bedeutung und Erfolg verlieren.

8. Fazit

Das zentrale Anliegen dieser Arbeit war es, den italienischen Giallo und den US-Slasherfilm im Hinblick auf ihre jeweiligen genrespezifischen Merkmale zu untersuchen und zu vergleichen. Betrachtet man nun den US-Slasherfilm und den italienischen Giallo im direkten Vergleich – d.h. bezüglich ihres Settings, der Motive,

---

Online: http://www.spiegel.de/kultur/kino/0,1518,412851,00.html (Zugriff: 09.02.2008).
[241] David Edelstein: Now Playing at Your Local Multiplex: Torture Porn – Why has America gone nuts for blood, guts, and sadism? In: New York Magazine, 28.01.2006.
Online: http://nymag.com/movies/features/15622/ (Zugriff: 09.02.2008).
[242] David Kleingers: Wiederkehr der Schauermär. In: SpiegelOnline, 13.06.2007.
Online: http://www.spiegel.de/kultur/kino/0,1518,488257,00.html (Zugriff 09.02.2008).
[243] Ereignisse wie der 11. September, der Irak-Krieg und die Folterskandale bzw. Menschenrechtsverletzungen in Abu Ghraib und Guantanamo können hier selbstverständlich ein Auslöser sein.

der Erzählstruktur, dem kulturellen Kontext, in dem sie eingebettet sind etc. – stellt man fest, dass sich die beiden Genres nicht so ähnlich sind wie es zunächst scheint. Zur Verdeutlichung sollen hier noch einmal einige dieser Punkte zusammengefasst werden. Der Killer im Slasherfilm ist psychopathisch und ermordet meist wahllos alle Menschen, die in seine Reichweite kommen. Im Giallo dagegen hat er ein genaues Motiv, durch das die Morde nachvollziehbar werden. Daher werden auch nur die Charaktere umgebracht, die in Zusammenhang mit diesem Motiv stehen oder den Killer an seinen Taten hindern wollen. Desweiteren liegt der Fokus beim Giallo auf dem whodunit-Aspekt, also auf der Ermittlung der Person des Mörders. Zur Verschleierung seiner Identität trägt dieser deshalb eine Maske. Beim Slasherfilm fällt diese Ermittlung völlig weg, da jeder weiß, wer der Killer ist und es nur darum geht, ihm zu entkommen bzw. ihn unschädlich zu machen. Die Maske, die er trägt, dient hier zur Identitätsbildung und symbolisiert die Verkörperung des Bösen. Die geschlossene Zeit- und Raumstruktur des Slasherfilms hängt auch mit der Person des Killers zusammen. Er ist der aktive Part, der die Narration des Films bestimmt – das Ziel der anderen Charaktere ist einzig und allein ihr Überleben. Dieser Ansatz erfordert eine auf wenige Stunden komprimierte Zeitspanne der Narration sowie einen begrenzten Raum, damit der Killer möglichst viele Opfer findet, bevor er selbst zur Strecke gebracht wird. Im Giallo ist dies nicht notwendig, im Gegenteil: Das Genre benötigt eine weitläufigere zeitliche und räumliche Struktur, damit sich wichtige Aspekte wie die Ermittlung durch den Amateurdetektiv oder die ‚normale‘, d.h. unmaskierte, Interaktion des Killers mit den anderen Charakteren entwickeln können.

Sowohl der Slasherfilm als auch der Giallo enthalten blutige Splattereffekte, die stark visuell ausgerichtet sind und den Zuschauer schockieren sollen. Es besteht allerdings ein deutlicher Unterschied in der Exzessivität der graphischen Darstellung: In den frühen Slasherfilmen wie THE TEXAS CHAINSAW MASSACRE oder HALLOWEEN gibt es noch gar keine explizite Darstellung der Gewalt wie etwa das sichtbare Eindringen eines Messers in den Körper.[244] Vielmehr werden dem Zuschauer die brutalen Verwundungen durch geschickte Schnitttechniken nur vorgetäuscht. Der Giallo dagegen verwendet von Anfang an als Highlight und Markenzeichen krude Tötungsszenen, die mit Unmengen von Kunstblut sehr graphisch inszeniert werden. Das

---

[244] Später ändert sich dies auch: bereits in FRIDAY THE 13TH ist die Gewaltdarstellung viel expliziter als in HALLOWEEN. Mit den folgenden zahlreichen Fortsetzungen erhöhen sich die Brutalität der Mordszenen sowie der Body-Count stetig.

Spektakel dauert meist auch deutlich länger als im Slasherfilm und bietet mehr Variationen. Auch die Bandbreite an Mordwaffen ist größer: Während im Slasherfilm meistens relativ primitive bzw. altertümliche Waffen wie Messer, Äxte, Speere, Eispickel, Mistgabeln oder Schürhaken zum Einsatz kommen, gibt es im Giallo weitaus größere Variationen. Der Einsatz moderner Waffen wie Schusspistolen wird hier ebenso mit einbezogen wie der Mord mit bloßen Händen, etwa durch Erwürgen, Ersticken, Erschlagen oder Ertränken. Den Unterschied bilden aber nicht nur die Waffen selbst, sondern vor allem der Zweck ihres Einsatzes. Im Slasherfilm dient die Waffe dazu, das Opfer auf möglichst blutige und brutale Weise zu töten. Im Giallo hingegen scheint die Wahl der Mordwaffe eher von ästhetischen Gesichtspunkten sowie von ihrem Verunstaltungspotential abzuhängen.[245] Dies verdeutlicht nochmals den Hauptunterschied zwischen beiden. Denn während der Slasherfilm eine möglichst realistische Gewaltdarstellung bietet, die darauf ausgerichtet ist, beim Zuschauer einen Effekt des Schocks hervorzurufen, geht es im Giallo um etwas anderes: Die Gewaltnummern sind sorgfältig ausgearbeitet und dauern länger an, sie sind in ihrer Ausführung kreativer und variationsreicher. Es geht nicht darum, Realismus zu erzeugen, sondern um Stilisierung und die Ästhetik der Bilder, um Symbolik, Künstlichkeit und Inszenierung.

Der Vergleich der Hauptmotive von Giallo und Slasherfilm zeigt deutlich, dass die beiden Genres trotz einiger Gemeinsamkeiten sehr unterschiedlich sind. Sie haben einen unterschiedlichen visuellen und narrativen Stil und eine andere Herangehensweise in Bezug auf die Beschäftigung mit dem kulturellen und zeitgeschichtlichen Kontext ihres jeweiligen Landes. Sie legen ihr Hauptaugenmerk auf andere Dinge: Der Slasherfilm beschäftigt sich mehr mit Amerika und dem Zeitgeschehen und setzt sich damit – wenn auch indirekt – auseinander. Die bestehenden Ängste in der Gesellschaft werden aufgegriffen und thematisiert. Manchmal kommt es durch die filmische Reflexion auch zu einer Auseinandersetzung mit den politischen Themen und Problemen der Zeit. Der Giallo dagegen ist – ganz im Sinne der Camp-Ästhetik – völlig unpolitisch. Er setzt sich mit den Traditionen und den kulturellen Konventionen seines Landes nicht inhaltlich, sondern stilistisch auseinander. Die Dekadenz des mondänen italienischen Stils der 60er

---

[245] In OPERA kann man die Flugbahn einer Pistolenkugel in Zeitlupe verfolgen, wie sie vom Lauf durch den Türspion hindurch in das Auge des Opfers trifft. In diesem Fall ordnet sich die Wahl der Waffe dem ästhetischen Motiv des Films unter, das von der Verletzung des Blicks durch Gewalt gegen das Auge geprägt ist.

und 70er Jahre wird im Giallo aufgegriffen und in den Vordergrund gerückt – es geht um Ästhetik, stilisierte Inszenierungen und Künstlichkeit.

Angesichts der aktuellen Entwicklung im Horrorfilm und dem Trend zu Folterszenarien und extremer, äußerst realistisch inszenierter Gewaltdarstellungen scheint der Bedarf des Genres tendenziell wieder in die Richtung des Slasherfilms zu gehen. Torture Porn ist brutaler und ernster als der Slasherfilm, aber auch diese Filme nutzen die Stärke des Genres, Zeitströmungen filmisch aufzugreifen und setzen sich mit den aktuellen Ängsten der Gesellschaft auseinander – zumindest ist das von ihren Machern so gewollt. Der internationale Erfolg von Filmen wie SAW oder HOSTEL bestätigen diese Entwicklung. Der Giallo hingegen wird wohl – aufgrund seines ganz eigenen Stils – immer ein italienisches Phänomen bleiben.

9.Literaturverzeichnis

Monographien:

Armstrong, Kent Byron: Slasher Films - An International Filmography, 1960 Through 2001. Jefferson, North Carolina 2003.

Berenstein, Rhona: Attack of the Leading Ladies: Gender, Sexuality, and Spectatorship. New York 1996.

Bouzereau, Laurent: Ultra Violent Movies. From Sam Peckinpah to Quentin Tarantino. New York 2000.

Bronfen, Elisabeth: Nur über ihre Leiche. Tod, Weiblichkeit und Ästhetik. München 1994.

Carroll, Noël: The Philosophy of Horror - Or, Paradoxes of the Heart. New York 1990.

Clover, Carol J.: Men, Women and Chain Saws - Gender in Modern Horror Film. Princeton, New Jersey 1992.

Creed, Barbara: The Monstrous-Feminine - Film, Feminism, Psychoanalysis. London/New York 1993.

Dika, Vera: Games of Terror: Halloween, Friday the 13th, and the Films of the Stalker Cycle. Cranbury, New Jersey/London 1990.

Freeland, Cynthia A.: The Naked and the Undead – Evil and the Appeal of Horror. Boulder, Colorado/Oxford 2000.

Grixti, Joseph: Terrors of Uncertainty. The Cultural Contexts of Horror Fiction. London/New York 1989.

Hawkins, Joan: Cutting Edge - Art–Horror and the Horrific Avant–Garde. Minneapolis/London 2000.

Howarth, Troy: The Haunted World of Mario Bava. Godalming 2002.

Jenkins, Philip: Using Murder - The Social Construction of Serial Homicide. New York 1994.

Jones, Darryl: Horror - A Thematic History in Fiction and Film. London 2002.

Kersten, Karin/Neubaur, Caroline: Grand Guignol–Das Vergnügen, tausend Tode zu sterben. Frankreichs blutiges Theater. Berlin 1976.

Koven, Mikel J.: La Dolce Morte - Vernacular Cinema and the Italian Giallo Film. Lanham, Maryland/Toronto/Oxford 2006.

Krakauer, Siegfried: Kino. Essays, Studien, Glossen zum Film. Herausgegeben von Karsten Witte. Frankfurt am Main 1974.

Kristeva, Julia: Powers of Horror – An Essay on Abjection. New York 1982.

McCarty, John: Splatter Movies. Breaking the Last Taboo of the Screen. Bromley, Kent 1994.

Meteling, Arno: Monster. Zu Körperlichkeit und Medialität im modernen Horrorfilm. Bielefeld 2006.

Muir, John Kenneth: Horror Films of the 1970s. Jefferson, North Carolina 2002.

Neale, Stephen: Genre. London 1983.

Neale, Stephen: genre and hollywood. London/New York 2000.

Nikele, Manuela: Horrorfilm als kultisches Phänomen der Gegenwart. Alfeld 1996.

Paul, Louis: Italian Horror Film Directors. Jefferson, North Carolina 2004.

Phillips, Kendall R.: Projected Fears – Horror Films and American Culture. Westport, Connecticut 2005.

Pinedo, Isabel Cristina: Recreational Terror – Women and the Pleasures of Horror Film Viewing. New York 1997.

Seeßlen, Georg/Jung, Fernand: Horror – Grundlagen des populären Films. Marburg 2006.

Seeßlen, Georg/Weil, Claudius: Kino des Phantastischen. Reinbek bei Hamburg 1980.

Sharrett, Christopher: Apocalypticism in the Contemporary Horror Film – A Typological Survey of the Theme in The Fantastic Cinema, Its Relationship to Cultural Tradition and Current Filmic Expression. New York 1983.

Simpson, Philip L.: Psycho Paths – Tracking the Serial Killer Through Contemporary American Film and Fiction. Carbondale/Edwardsville, Illinois 2000.

Stresau, Norbert: Der Horror-Film. Von Dracula zum Zombie-Schocker. München 1989.

Thrower, Stephen: Beyond Terror – The Films of Lucio Fulci. Godalming 1999.

Tudor, Andrew: Monsters and Mad Scientists: A Cultural History of the Horror Movie. Oxford 1989.

Vossen, Ursula (Hg.): Filmgenres – Horrorfilm. Stuttgart 2004.

Williams, Linda: Hard Core – Macht, Lust und die Traditionen des pornographischen Films. Basel/Frankfurt a.M. 1995.

Williams, Tony: Hearths of Darkness - The Family in the American Horror Film. Cranbury, New Jersey 1996.

Wood, Robin /Lippe, Richard: The American Nightmare. Essays on the Horror Film. Toronto 1979.

Worland, Rick: The Horror Film – An Introduction. Malden, Massachusetts/Oxford 2007.

Wulff, Hans Jürgen: Darstellen und Mitteilen. Elemente einer Pragmasemiotik des Films. Tübingen 1999.

Aufsätze in Sammelbänden:

Babuscio, Jack: The Cinema of Camp (aka Camp and the Gay Sensibility). In: Cleto, Fabio: Camp: Queer Aesthetics and the performing subject - A Reader. Michigan 1999, S. 117-135.

Cleto, Fabio (Hg.): Introduction: Queering The Camp. In: Ders. (Hg.): Camp: Queer Aesthetics and the performing subject - A Reader. Michigan 1999, S. 10-39.

Dadoun, Roger: Fetishism in the Horror Film. In: Donald, James (Hg.): Fantasy and the Cinema. London 1989, S. 39-62.

de Man, Paul: Hypogramm und Inschrift. In: Haverkamp, Anselm (Hg.): Die paradoxe Metapher. Frankfurt a. M. 1998, S. 375-413.

Dickstein, Morris: The Aesthetics of Fright. In: Grant, Barry Keith (Hg.): Planks of Reason – Essays on the Horror Film. Metuchen, New Jersey/London 1984, S. 65-78.

Gelder, Ken: Introduction to Part Ten: Fans´ Notes – The Horror Film Fanzine. In: Ders. (Hg.): The Horror Reader. London/New York 2000, S. 311-313.

Guins, Ray: Tortured Looks – Dario Argento and Visual Displeasure. In: Andy Black (Hg.): Necromonicon Book One, London 1996, S. 141-153.

Hickethier, Knut: Genretheorie und Genreanalyse. In: Felix, Jürgen (Hg.): Moderne Film Theorie. Mainz 2002, S. 62-103.

Hickethier, Knut/Lützen, Wolf Dieter: Krimi-Unterhaltung. Überlegungen zu einem Genre am Beispiel von Kriminalfilmen und -serien. In: Hartwig, Helmut (Hg.): Sehen lernen. Kritik und Weiterarbeit am Konzept Visuelle Kommunikation. Köln 1976, S. 312-345.

Höltgen, Stefan: Take a Closer Look. In: Köhne, Julia/Kuschke, Ralph/Meteling, Arno (Hg.): Splatter Movies – Essays zum modernen Horrorfilm. Berlin 2005, S. 20-29.

Hunt, Leon: A (sadistic) Night at the *Opera* – Notes on the Italian horror film. In: Gelder, Ken (Hg.): The Horror Reader. London/New York 2000, S. 324-335.

Jenks, Carol: The Other Face of Death: Barbara Steele and *La Maschera Del Demonio*. In: Black, Andy (Hg.): Necronomicon Book One. London 1996, S. 88-100.

Karola, C.: Italian Cinema Goes to the Drive-In: The Intercultural Horrors of Mario Bava. In: Rhodes, Gary D. (Hg.): Horror at the Drive-In - Essays in Popular Americana. Jefferson, North Carolina 2003, S. 211-236.

Köhne, Julia/Kuschke, Ralph/Meteling, Arno: Einleitung. In: Dies. (Hg.): Splatter Movies – Essays zum modernen Horrorfilm. Berlin 2005, S. 9-17.

Maerz, S.: Grand Guignol. Ein Essay über Frankreichs blutiges Theater. In: Gaschler, Thomas /Vollmer, Eckhard (Hg.): Dark Stars – 10 Regisseure im Gespräch. München 1992, S. 214-227.

Meteling, Arno: Vorbemerkung zu Medien und Ästhetik. In: Köhne, Julia/Kuschke, Ralph/Meteling, Arno (Hg.): Splatter Movies – Essays zum modernen Horrorfilm. Berlin 2005, S. 17-20.

Modleski, Tania: The Terror of Pleasure – The contemporary horror film and postmodern theory. In: Gelder, Ken (Hg.): The Horror Reader. London/New York 2000, S. 285-293.

Neale, Stephen: Questions of Genre. In: Grant, Barry Keith (Hg.): Film Genre Reader II. Austin, Texas 1995, S. 162-183.

Needham, Gary: Playing with Genre – Defining the Italian Giallo. In: Schneider, Steven Jay (Hg.): Fear without Frontiers: Horror Cinema across the Globe. London 2003, S. 135–145.

Pinedo, Isabel Cristina: Postmodern Elements of the Contemporary Horror Film. In: Prince, Stephen (Hg.): The Horror Film. New Brunswick, New Jersey 2004, S. 82-117.

Sanjek, David: Fans´ Notes – The Horror Film Fanzine. In: Gelder, Ken (Hg.): The Horror Reader. London/New York 2000, S. 314-323.

Schatz, Thomas: Genre. In: Crowdus, Gary (Hg.): A Political Companion to American Film. New York 1994, S. 177-185.

Sconce, Jeffrey: Spectacles of Death: Identification, Reflexivity, and Contemporary Horror. In: Collins, Jim/Radner, Hillary/Collins, Ava Preacher (Hg.): Film Theory Goes to the Movies. London 1993, S. 103-119.

Silverman, Kaja: Masochism and Male Subjectivity. In: Dies.: Male Subjectivity at the Margins. Routledge, London/New York 1992, S. 185-214.

Sontag, Susan: Anmerkungen zu ‚Camp‘ [1964]. In: Dies.: Kunst und Antikunst – 24 literarische Analysen. Frankfurt a. M. 2003, S. 322-341.

Thompson, Kristin: The Concept of Cinematic Excess. In: Dies.: Ivan the Terrible – A Neoformalist Analysis. Princeton 1981, S. 287–302.

Totaro, Donato: The Italian Zombie Film – From Derivation to Reinvention. In: Schneider,StevenJay(Hg.):FearwithoutFrontiers–HorrorCinemaacrosstheGlobe. Godalming2003,S.161-173.

Tudor, Andrew: Critical method...genre. In: Hollows, Joanne/Hutchings, Peter/Jancovich,Mark:TheFilmStudiesReader.London2000,S.95-98.

Wagstaff, Christopher: A Forkful of Westerns – Industry, Audiences and the Italian Western. In: Dyer, Richard/Vincendeau, Ginette (Hg.): Popular European Cinema. Routledge,London1992,S.245-261.

Waller, Gregory A.: Introduction. In: Ders. (Hg.): American Horrors. Essays on the ModernAmericanHorrorFilm.Chicago1987,S.4-12.

Wood,Robin:AnIntroductiontotheAmericanHorrorFilm.In:Wood,Robin/Lippe, Richard:TheAmericanNightmare–EssaysontheHorrorFilm.Toronto1979,S.7-28.

Zeitschriftenaufsätze/Zeitungs-undLexikonartikel:

Arnzen,MichaelA.:Who'slaughingnow?Thepostmodernsplatterfilm.In:Journalof PopularFilmandTelevision,Ausg.21Nr.4,Winter1994,S.176-184.

Beard,Steve:Noparticularplacetogo.In: SightandSound,Ausg.3Nr.4,April1993, S.30-31.

Bridgstock,Martin:TheTwilitFringe–AnthropologyandModernHorrorFiction.In: JournalofPopularCulture,Ausg.23Nr.3,Winter1989,S.115-123.

Cook,Pam:TheArtofExploitationorHowtoGetintotheMovies.In:MonthlyFilm Bulletin,Ausg.52,Februar1985,S.367-369.

Ebert,Roger:WhyAudiencesAren´tSafeAnymore.In:AmericanFilm,März1981,S. 54-56.

Harzheim, Harald: Das Gute durch das Böse beweisen. Der geschundene Körper im Splatter-Movie.In:NachtblendeNr.2,1997.S.12-19.

Ingebretsen,EdwardJ.:Monster-Making- APoliticsofPersuasion.In:TheJournalof AmericanCulture,Ausg.21Nr.2,Sommer1998,S.25–34.

Koch, Stephen: Fashions in Pornography – Murder as Cinematic Chic. In: Harper´s Magazine,November1976,S.108-111.

Kroll,Renate(Hg.):MetzlerLexikonGenderStudies -Geschlechterforschung.Ansätze –Personen–Grundbegriffe.Stuttgart2002.

Maslin, Janet: Bloodbaths Debase Movies and Audiences. In: New York Times, 21. November1982,S.13.

Mulvey, Laura: Visual Pleasure and Narrative Cinema. In: Screen, Ausg. 16 Nr. 3, Herbst 1975, S. 6-18.

Newman, Kim: Thirty Years in Another Town – The History of Italian Exploitation Cinema Part 1. In: Monthly Film Bulletin, Ausg. 53, Januar 1986, S. 19-56.

Rosenbaum, Jonathan: Torso. In: Monthly Film Bulletin, Ausg. 42, Juni 1975, S. 132.

Seeßlen, Georg: Genre - mehr als ein Begriff. Die Übermittlung von Botschaften in ästhetischen Strukturen. In: medien+erziehung, H. 4, S. 209-218.

Tietchen, Todd. F.: Samples and copycats: the cultural implications of the postmodern slasher in contemporary American film. In: Journal of Popular Film and Television, Ausg. 26 Nr. 3, Herbst 1998, S. 98-107.

Trencansky, Sarah: Final Girls and Terrible Youth: Transgression in 1980s Slasher Horror. In: Journal of Popular Film and Television, Ausg. 29 Nr. 2, Sommer 2001, S. 63-74.

Vonderau, Patrick: In the hands of a maniac. Der moderne Horrorfilm als kommunikatives Handlungsspiel. In: Montage/AV. Zeitschrift für Theorie und Geschichte audiovisueller Kommunikation, Jg. 11, Nr. 2, 2002, S. 129-146.

Wood, Robin: Return of the repressed. In: Film Comment 14, Nr. 4, Juli/August 1978, S. 25-32.

Internetquellen:

Caduff, Corina et al.: *High Art, Low Culture:* Stanley Kubricks *Eyes Wide Shut* (1999) als Grenzphänomen zwischen Hoch- und Alltagskultur. In: TRANS. Internet-Zeitschrift für Kulturwissenschaften. Nr. 16, 2005.
Online: http://www.inst.at/trans/16Nr/09_1/caduff_fink_keller_schmidt16.htm (Zugriff: 09.02.2008).

Edelstein, David: Now Playing at Your Local Multiplex: Torture Porn – Why has America gone nuts for blood, guts, and sadism? In: New York Magazine, 28.01.2006.
Online: http://nymag.com/movies/features/15622/ (Zugriff: 09.02.2008).

Humphries, Reynold: Just another fashion victim - Mario Bava's *Sei donne per l'assassino.* Online: http://www.kinoeye.org/01/07/humphries07.php (Zugriff: 30.01.2008).

Kael, Pauline: Are Movies Going to Pieces? In: Atlantic Monthly, November 1964.
Online: http://www.theatlantic.com/doc/196411/pauline-kael (Zugriff 07.02.2008).

Kleingers, David: Massaker im Multiplex. In: Spiegel Online, 25.04.2006.
Online: http://www.spiegel.de/kultur/kino/0,1518,412851,00.html (Zugriff: 09.02.2008).

Kleingers, David: Wiederkehr der Schauermär. In: SpiegelOnline, 1 3 . 0 6 . 2 0 0 7 . Online:http://www.spiegel.de/kultur/kino/0,1518,488257,00.html(Zugriff09.02.2008).

Lyons,Kevin:TheGialloZone–Introduction. Online:http://www.eofftv.com/features/giallo_zone_intro.htm(Zugriff:25.01.2008).

Lightning Source UK Ltd.
Milton Keynes UK
UKHW010642230721
387648UK00002B/336